移动互联时代市场营销变革与创新

蒋卫华 ◎ 著

北京工业大学出版社

图书在版编目（CIP）数据

移动互联时代市场营销变革与创新 / 蒋卫华著． 一 北京：北京工业大学出版社，2018.12（2021.5 重印）

ISBN 978-7-5639-6549-6

Ⅰ．①移… Ⅱ．①蒋… Ⅲ．①企业管理－市场营销学－研究 Ⅳ．①F274

中国版本图书馆 CIP 数据核字（2019）第 022877 号

移动互联时代市场营销变革与创新

著　　者：	蒋卫华
责任编辑：	郭佩佩
封面设计：	晟　熙
出版发行：	北京工业大学出版社
	（北京市朝阳区平乐园 100 号　邮编：100124）
	010-67391722（传真）　bgdcbs@sina.com
经销单位：	全国各地新华书店
承印单位：	三河市明华印务有限公司
开　　本：	787 毫米×1092 毫米　1/16
印　　张：	8.5
字　　数：	170 千字
版　　次：	2018 年 12 月第 1 版
印　　次：	2021 年 5 月第 2 次印刷
标准书号：	ISBN 978-7-5639-6549-6
定　　价：	46.00 元

前　言

营销创新是为了满足消费者的需要。

经济活动有两个基本职能，即市场营销和创新。市场营销和创新如果能和谐地结合，不仅能够产生经济效益，还能够产生社会效益。成功的营销创新在富有竞争力的企业和国民经济中起到了核心作用。

成功的营销创新是为了更大程度地满足消费者的需要。在经济活动中如果没有形成市场引导，想要进行持续的创新是不可能的。营销创新不仅是职能性的工作，也可以使消费者对产品感到满足。营销创新依赖于具有交叉功能的有效团队，这种团队将为消费者创造价值作为工作目的。其创新过程也是与合作伙伴共同交流的过程。

营销创新是一系列复杂过程的结果。

营销创新不是一个简单的过程，而是一系列复杂过程的结果，其依赖于创新战略、市场导向、领导、文化、资源、体系及过程，这些都为经济增长和提高利润提供了创新的潜力。

①创新战略。市场战略是以市场导向和产品为基础的。在我们明确了创新目标和目标市场后，创新战略就处于创新的中心地位。

②市场导向。创新意味着重新回到基本的利润追求和设计市场战略上，并把这两项结合在一起，以市场为中心促进新产品和新技术的开发。

③领导。在创新过程中，组织的管理层至关重要，其价值观是关键。管理层的价值观应以正确的基准和目标传播到组织内部，使管理层和员工层信息对称。

④文化。组织文化的核心是对人的尊重。第一，对员工的尊重。只有充分尊重员工，考虑社会利益和员工利益，培育组织文化和组织精神，组织的创业发展才能成为所有员工的共同理想。第二，对消费者的尊重。要使消费者的需求得到合理的满足，以促进组织发展。所以，文化理念是组织利益与消费者利益的有效结合。

⑤资源。要支持技术的提高和进步，在产品研制和开发阶段，资本的投入是必须的；在确认新的市场机遇而进行市场调研时，投资也同样重要。从本质上讲，资本投入是个长期过程，新产品的成功在于将利润再投资，以保持生产持续增长。创新不仅依靠技术，还依赖于技术在开发消费者需求价值的过程中所扮演的角色。

⑥体系及过程。技术发展不仅使企业的产品和服务更上一层楼，还可改善企业组织的创新机制和程序。一种具有创新性的文化能对组织结构产生深刻影响，同时组织结构又会反过来促进创新，促进交叉功能团队的产生。创造力和企业精神是在组织文化中产生、发

展起来的，其核心是团队对组织的目标、愿景和竞争力有坚定的信念，从而巩固和加强组织产品的品牌价值。

在市场竞争激烈、产品生命周期短、技术突飞猛进的今天，不创新就等于灭亡。创新是企业生存的根本，是发展的动力，是成功的保障。在今天，创新能力已成为国家的核心竞争力，也是企业生存和发展的关键，是企业实现跨越式发展的第一步。本书可以让读者了解营销创新的过程和创新过程中出现的障碍，以及市场营销在创建新产品和新服务中的关键作用。

目　录

第一章　营销变革

第一节　如何突破营销变革管理的瓶颈

为什么中国很多企业都有从"明星"企业到"流星"企业的市场命运轨迹？为什么中国很多中小型企业发展到一定阶段就无法突破增长的瓶颈？为什么企业进入多元化后，并没有享受到市场高增长所带来的快乐，而是出现了一些所谓的明星业务单元像跛脚的鸭子那样不能快速前行的现象？营销在20世纪90年代曾是中国许多企业成长壮大的重要路径和关键法宝，为什么今天企业投入巨资却没有得到应有的市场回报？为什么科特勒、舒尔茨等人的营销理论在中国已传播多年，很多企业也如法效仿，却并没有解决中国企业自身的营销竞争力问题？很多企业劳心费神地不断变换着营销的一招一式，虽然也给企业带来了暂时的成功，但为何不能带给企业持续的增值？

营销变革管理研究的是企业如何通过基于战略导向的营销体系变革管理，来打造企业的营销系统综合竞争力，突破增长瓶颈，实现持续高增长。

既然西方一些传统的营销理论是完善的，企业的营销管理者们对营销理论的掌握也是全面而娴熟的，但为何中国企业在大量的营销实践中，却无法有效地将完善的理论转化为事业上真正的成功？

营销变革管理理论是一个卓越的营销创新思想理论。对其进行研究并在实践中加以完善，将对中国企业的健康发展和微观经济生态的优化提供有益的帮助。

一、三问中国市场营销

（一）正确认识中国市场

中国市场的特殊性，是中国企业能够快速成长并顺利度过企业"青春期"的安全阀。然而，如果以发展的观点来看待这个问题，则会有着不同的解读。要认识这个世界上最具发展潜力的市场，我们可以用以下的"1、2、3"来总结说明。

"1"是指中国市场是一个特殊的"和而不同"的市场。要深刻地认识中国市场，虽然很难但却很有必要。我们对它的特点进行了如下总结。这些特点构成了中国市场独一无二的总体特色。

①市场容量大。

②长期成长性强。

③市场细分化快且不稳定。

④市场结构具有多元性和复杂性。

⑤市场区位具有不平衡性。

⑥消费需求差距较大。

⑦区域市场基本上无法律障碍。

⑧没有文化的歧见。

"2"是指中国市场的两次转型。本书对中国市场的要素和中国企业发展的特点用两次转型来进行概括和总结。这两次转型是指：中国的经济体制从早期的计划经济向市场经济转型；中国企业的主体业务从国内市场向国际市场转型。中国改革开放以来，这两次经济转型对于中国而言，是中国经济全面变革的总路径；对于改革开放后发展起来的中国企业而言，它形成了其成长和壮大时期所历经的世界上独一无二的社会大背景。这就决定了企业必须适应市场的变化，必须顺应变革创新的总趋势，必须把握好市场两次转型的机遇和挑战。

基于以市场战略为导向的营销变革管理创新，是企业适应市场变化、保持成长活力的重要方法和路径之一。但对中国企业而言，在营销模式上过于依赖中国本土的经验优势是靠不住的。相对于国际市场的大环境而言，中国市场既有其特殊性，也有其阶段性和传统市场简单性的一面。但这个巨大的经济体正在经历漫长的转型期，它面临着全球化、数字技术和互联网三大浪潮汹涌而来所致的复杂的市场竞争环境，因此，中国企业目前所处的时代与美国企业崛起和日本企业再生所处的时代有着本质的不同。

"3"是指三个事实。以下三种情形会削弱中国企业的竞争能力。

①国外跨国公司在经历漫长的摸索后，开始熟悉和适应中国市场，如韩国乐金（LG）集团。

②中国企业对县域市场以下的三、四级市场的渗透一直处于一种半自动、散漫而无序的状态中，很少有哪家大企业能够真正有效率地从战略的高度投资或者掌控这些渠道。

③大卖场和连锁模式的兴起以及互联网的普及，将使中国市场进入一个翻天覆地的营销变革时代。

（二）正确认识中国企业

看好中国市场的投资者不一定都看好中国企业，就像有的人佩服温州人经营国际生意的能耐，不一定就会看好其打造国际化企业的能力一样，这是国人必须深思的大问题。

市场"同质化"是大多数中国企业的一个标签。我们所讲的"同质化"概念是区别于差异化概念的。以中国家电业为例，差异化的特点是品牌和产品与众不同，而"同质化"

就是指企业提供给消费者的产品都一样。虽然这是中国制造业在市场经济发展中一个了不起的成就，也是世界上那些不发达国家中的企业所梦寐以求的短期规模化效应，但在中国市场的行业价格恶性竞争中，它却成了中国企业走向无序竞争的"替罪羊"。

通过对产品创新、价格战、反倾销等方面进行分析，我们发现其核心原因都是产品的同质化。中国企业所生产的产品只是品牌不同，所运用的技术甚至外形多同出一辙。我们不知道所谓的"同质化"有什么不好，像可口可乐、戴尔电脑、麦当劳不都是同质化吗？但为什么别人的同质化就成了通行全球市场的标准化，而我们的"同质化"就成了中国企业在可持续发展问题上最关键的消极因素呢？这又是一个值得深思的问题。

笔者的一个学经济学的朋友对此说得很透彻。他说："中国企业对产品盈利有一个不正常的预期，暴利心态是个大问题。"春兰集团的负责人讲述，在开始做空调时，他们一年可以轻松赚几个亿；一旦空调市场竞争达到白热化，发现盈利状况不行时，就要转型多元化去做汽车（学习通用电气公司的多元化）。中国家电业原先的暴利让中国的一些企业家对目前由价格战所引起的行业利润下滑做出了误判。其实，中国的家电业正从原先的不正常慢慢转向行业的正常化。在发达国家，大众化产品的利润并不高。比如，汽车在美国已经基本平民化了，福特汽车曾经卖到 2900 美元一辆，他们的经营逻辑就是既要质优，又要价廉。规模化让这些企业获得了无限的成功，也正是"同质化"让它们拥有了规模生产的优势。再如，美国在电信方面的收费要比中国便宜得多，从中国打电话到美国要比从美国打电话到中国贵得多。也就是说，企业真正发展到理性阶段时，也就发展到了薄利时期。因此，中国家电业的暴利心态是"同质化"悖论的根源。

笔者认为，在全球化大市场的背景下，同质化、标准化和海量分销是中国家电业、计算机技术（IT）业和通信业等大众化产品（包括牛奶、饮料等快速消费品）产业竞争的必然结果。

不能否认，"同质化"是一个产业市场走向成熟的阶段性现象。中国现存的家电企业看上去都前景广阔，产品也都大同小异，其原因何在？

①中国的家电企业基本都是整机组装厂。彩电的显像管、空调的压缩机、平板材料（PDP\LCD）、CPU 等核心技术都掌握在别人手里。由于全球化产业链上出现了大分工，中国空前的市场需求和廉价的劳动力市场决定了中国企业只要组装出产品就可以生存，换言之，中国市场也就只有同质化的需求——彩电能看、空调能制冷、电脑能用就行了。企业是以市场需求为导向的，既然市场没有差异化的需求，生产出那么多差异化的产品也没有什么价值。

②差异化需要成本。目前，中国市场还是一个需要解决中低级需求的市场。假如生产出复杂的东西，让消费者付出更多的钱，但消费者会不会买？这就是一个问题。最近有统计说中国高端彩电随着成本的大幅度下降，"双节"（元旦、春节）前后城市市场销售很火，但其所占市场份额仍很低。与此相对应的是，中、低端彩电在三、四级市场的销量急增。那些对彩电中、低端市场大唱衰音的论断并没有被证实。事实上，"一个便宜三个爱"仍

然是中国的市场国情，诺基亚2004年加大对低端手机市场的攻势并渗透中国县域市场取得的高速增长就证实了这一观点。

③中国消费者的消费能力决定了他们购买家电的次数有限，所以他们对家电产品的同质化不敏感。这就是市场决定需求的道理。家电属于耐用消费品，没有更多的消费比较，这是中国家电产品同质化的市场根源。

如果说产品同质化只是一个表面现象，那么从更深层次来看，中国企业的特征又是什么呢？这是一个战略范畴的问题。中国的绝大多数企业走的几乎都是"贸工技"路线。这是一个有中国特色的企业战略：靠市场营销起家，通过低成本扩张和规模扩张取得优势，最后才去发展核心技术。中国企业本身处于全球产业价值链的末端，虽然产品产能和销售数量很惊人，但其营业利润却未必能及同等规模外资企业的1/3。比如，在2000年的国内彩电市场上，索尼旗下销量不足50万台的"贵翔"彩电利润，却比我国当年国产彩电巨头上千万台彩电的利润还要多！显然，国内企业在产业下游（渠道、广告和服务等）投入巨额营销费用、展开杀伐式竞争之际，势必影响产业上游的研发投入。缺乏研发投入必然进一步拉开中外企业的研发差距，国内企业与外资企业展开技术创新实质性竞争的机会则更渺茫！这并不是杞人忧天。虽然目前国内有些企业希望通过兼并的方式来获得核心技术和欧美渠道优势，如联想集团兼并国际商业机器公司（IBM）个人电脑业务、TCL集团与法国汤姆逊公司彩电业务合并，但其是否能有理想的结局，目前依然难以预料。

中国企业为什么会进行这样的战略选择？原因在于以下五个方面。

①这是由中国的国情决定的。中国的改革开放让一部分人先富起来，即让一部分人先通过满足中国日益增长的需求来致富。中国市场资源的膨胀和扩大，曾一度造就了严重的卖方市场经济。有货就不愁卖，只要有货，就能够实现短期暴利。因此要想先富起来，用最简单的方法生产出产品就成为企业的首选。

②贸易可以迅速致富的特点，决定了中国人认为在所有的致富途径中贸易是最有价值的形式。

③中国消费者的特点决定了中国产品的来源模式。不规范、不规则、畸形、不理性、太从众，中国消费者的这些特点决定了中国产品的来源形式有两条路：一是通过进口，直接满足部分高端消费者；二是通过自我生产来满足中、低端消费者，只要实用、价格低就行，这就决定了中国的生产模式。

④贸易的投资是最低的。在中国市场经济的初期，企业进行贸易几乎不需要投资，因为不存在产品卖不出去的问题。而生产和科研则不然，其不仅需要投资，而且涉及的事情要复杂得多。没有人愿意做费力的事情。

⑤在中国改革开放的初期，科研主要是一些政府机构的职能，企业并未涉及这一方面。因此，如果说现在中国企业普遍缺乏核心技术的话，也不能完全归咎于企业没有远见，有关政府部门在科技发展的职能分配上也负有很大的责任。

为何中国企业明知"经营空心化"却无能为力呢？为何中国不同的行业市场却总在不

断演绎相同的竞争故事——价格战呢？

对于中国本土市场而言，消费市场的快速成长、国外从业者对核心技术的封杀与强力竞争（如飞利浦公司一边在中国做生意赚钱，一边在国际市场上通过专利垄断和知识产权保护来对中国企业进行国际化阻截就反映了这方面的问题）、国内从业者的价格对拼等，导致了中国众多行业的从业者根本无法以一己之力来进行行业核心技术的研发，中国的企业充其量只能是"零部件组装商或组装厂"，而非真正意义上的"制造商"。这些经营行为又导致从业者不得不将企业竞争的主战场向产业链的下游转移——通过各类渠道优势和对国内消费文化熟知的优势来与跨国巨头展开"错位竞争"，从而在产业的低端市场领域获得初期积累和蓄势待发的机会。

从"中国贸易"到"中国制造"概括了大多数中国企业的发展历程。以华为公司为例，华为公司于 1987 年正式注册成立，开始时代理香港鸿年的 HAX100 程控交换机。惠州南方通信（惠州）有限公司是香港鸿年公司（后被中国航天科技收购）与中国邮电器材总公司、广东电信局和 TCL 通信设备股份有限公司共同出资的合资企业，主要生产 HAX100 系列和 HAX8000 系列程控交换机。华为公司当时是这家公司的大代理商。经过 30 多年的发展，华为公司如今凭借自主研发的产品成功立足国际市场。

中国企业还有一个十分奇怪的现象，那就是第二梯队的企业承担起了自我技术创新的任务，而它们又存在实力不足的问题。这种现象是存在于中国企业中的一个非常特殊的问题，也是一个非常有中国特色的问题。

第一梯队的企业忙于"品牌和渠道的整合"，它们在做更容易赚钱的事情。据《海信史》的作者迟宇宙观察，同在青岛市的两家大型家电集团——海尔与海信的成长过程便呈现出这样的状况。而创维集团董事长黄宏生在概括 TCL 与创维在战略上的差异时曾这样描述："TCL 注重的是企业与企业之间的横向合作，而创维则致力于彩电上游技术和产品的纵向整合。"由于领跑企业的战略错位，中国家电领域的技术投入始终缺乏足够的热情，没有意识到技术投入的"必要性"，而且没有勇气静下心来去寻找真正的突破。

在中国市场上摸爬滚打多年的大多数国内外企业，到如今在战略布局上也没有从容许多。以可口可乐公司为例，其在中国市场上的主要表现为：高端品牌，大众定位，战略性亏损，策略上的无奈。对于在中国市场的布局，可口可乐公司目前也还没有找到有效的破局之道。因为在中国复杂的农村市场上，可口可乐公司遇到了强有力的阻击。在中国农村，一级经销商向零售商提供的 500ml 装的可口可乐要比同等容量的非常可乐贵 0.5 元。对于中国的乡镇消费者而言，两种饮料每瓶相差 0.5 元不是小数目。虽然这些国际性的大公司在战略上可以藐视这些困难，但随着中国市场重要性的日益凸显以及这些公司对中国市场的布局逐步深入，应该说，国外企业在中国市场上还没有找到有效的营销策略。近期，非常可乐公司在农村市场的"根据地"战略获得成功后，并没有回避与可口可乐公司、百事可乐公司在城市市场上的正面交锋。我们可以看到其在央视热播的 58 集电视连续剧《汉武大帝》上所做的高调广告。而在新疆乌鲁木齐市的好家乡超市货架上，红黄色彩相间（中国国旗色）的易拉罐装的非常可乐以每罐 1.5 元的价格挤到了红白相间的可口可乐易拉罐的身边。这种与对手"捆绑"的贴身战术，估计更让可口可乐有苦难言。

在中国市场上，国内企业如今虽然已丧失了一些原有的优势，但本土成长也使它们对这个市场有着自己的生存经验。在中国农村市场的问题上，以 TCL、联想、华帝为代表的中国企业还会进一步深耕细种，继续保持其较高的市场占有率，还将会有所作为。对进入中国市场的国外企业而言，如伊莱克斯、松下、飞利浦等家电企业，随着其战略性亏损截止时间越来越接近，经营压力不断增加，其发力之日也可能是其走错之时。

笔者建议，中国企业在营销变革上要深究远思，在坚定的品牌战略基础上，要一看、二想、三步走，不可随便造次。此外，还要找到适合中国市场的营销理论。

（三）正确认识适合中国营销实践的理论

没有理论作为指导的实践是盲目的实践，但在错误的理论指导下所进行的实践则更加危险。

从最初的传统营销到麦肯锡的 4P 整体营销，从 4C 的整合营销到 4R 营销，从体验营销到关系营销等，这些为许多中国企业所熟知的"先进"营销理论，为什么没有给所有运用它的中国企业带来实在的效益和必然的成功？同样面临中国市场，为何有的企业能够获得成功而大多数企业却遭遇失败呢？

营销变革管理理论提出了以营销战略为导向的营销理念，它是解决企业营销体系能力建设的系统解决方案，是对传统营销理论的发展和超越，是对中国市场复杂现实的一个处理意见。营销战略导向的提出，同时也是对产品导向和客户导向营销理念的综合和扬弃。《定位》一书的作者杰克·特劳特经过多年的研究，已从营销战的解读向企业战略方面的研究靠近，这说明了战略导向的企业营销变革具有重要意义。这里所说的战略导向是在整合产品导向和顾客导向的基础上，站在企业能力的角度满足消费者的需求，在具体操作中要将产品导向和顾客导向结合起来。

营销在企业里的地位决定了其与企业获得成功的关系，传统营销理念无法解决企业面临的所有问题。事实上，一个仅将营销作为职能部门或者一种组织分工来看待的企业，是很难通过狭义的营销途径获得成功的。只有在营销战略的指导下，企业不断进行营销活动变革以适应市场环境的急剧变化，才有可能满足今天和未来的经济发展需要。

二、破局：从司马光砸缸谈起

北宋司马光砸缸的故事在中国流传很广泛。其有趣之处就在于，一个貌似常规下不可能完成的任务，一个困局、死局、僵局、败局，却被一个小孩用一块小小的石头就打破了。而营销变革管理理论，正是研究营销工作者如何不断打破企业在营销战略、品牌体系、营销体系、营销组织、渠道体系、区域市场等方面所面临的种种困局和危局，从而塑造自身竞争优势的理论。

（一）中国企业的困局

在过去的数年中，联想集团实施的"多元化"和"本土市场第一"战略，并没有使其实现预期的营运目标，甚至离其所提的"国际化的、高科技的、服务的"战略目标好像还越来越远了。越是希望向这个目标靠近，联想集团就越发显得因缺乏内在的逻辑而忙乱和失落。如今，联想集团已越来越寄希望于通过在中国市场上进行深入耕耘，以实现其在进军国际市场时无后顾之忧。但在这样的国际化进程下，联想集团的国际化道路或许会遭遇一个很难的困局。

2004年上半年，国内各大财经媒体纷纷对联想集团给予了关注和担忧。尽管2004年末联想集团宣布出资17亿美元收购美国IBM个人电脑业务，并一举跨越式地实现国际化市场大布局，但从中并不能看出联想集团战略思维发展的连续性和内在逻辑。虽然持续的改革开放带来了中国经济的高速发展，在中国企业中也必将诞生出一大批国际化的企业集团，但联想集团作为中国优秀的本土品牌，其所承担的"领头雁"使命和全球市场的危机压力也是不言而喻的。这种跳跃性、机会性和偶然性兼并举措，必然引发全球同行业的关注和资本市场的震荡。联想集团面对全球化市场的困局，为打破发展僵局所实施的国际化大布局，确实有剑走偏锋的大勇气，但肯定也是孤注一掷的一招险棋。本书将对联想集团市场营销战略方面的变革路径进行探讨。

联想集团的问题是中国企业界所关注的焦点，因为它确实有成为焦点的价值和分量：上一个"三年计划"未落实，急切实施国际化营销策略，作为中国一个具有标杆示范价值的科技型企业却缺乏核心科技的研发能力……有关联想集团发展问题的所有争论中，"柳倪之争"应该是一场最具决定意义的战略分歧。若将这件事放在中国20世纪90年代以来的大背景下去看，我们就会发现不同企业的发展轨迹都可以用一种易于理解的逻辑来找出中国企业走到困境的原因，也许这具有一定的普遍性启示意义。

为什么中国企业在战略上总是偏向选择多元化发展道路，而在专业化道路上则显得力不从心？笔者试图用能力战略模型来解释这个现象。

中国企业在发展中，由于企业家能力的提高大多慢于企业能力的发展，所以对于一些企业而言，企业高速发展的平衡有赖于两者之间的有效协同。当企业家的战略能力弱化时，企业在关键发展时期陷入一种困局则将是意料之事。

（二）国外企业发展的僵局

人们在分析日本企业成功的原因时，会总结出两点：产品研发、精益生产。这是日本企业在其特定历史环境下获得的成功，如果我们也以此为标准来阐释我们的应变逻辑，那就有可能犯教条化和形而上学的毛病。虽然如此，在企业竞争日益国际化和实质化时，我们不能过多地满足于企业的暂时成功，不能为自己的战略短视而喝彩。

大多数拥有国际化品牌的跨国企业由于对中国市场的特殊性缺乏准确的认识和必要的

准备，基本上是遵循着"看两步，走一步"的原则来推进其在中国的营销战略的。这一过程虽然令部分企业付出了一定的时间代价，但同时也使其摸索到了在中国市场进行深度营销和驾驭渠道的路径，如LG集团、通用汽车公司和宝洁等。然而，仍有很多国际企业陷入市场博弈的"僵局"之中。中国企业如何在与这些国际企业的博弈中打破僵局？我们认为这要取决于谁能够在真正且快速地了解中国市场的同时，获得营销变革管理的主导权。对于著名的大型跨国公司而言，变革其实是一件相当不容易的事。因为在这些国际化的企业中，往往已经形成了某些相对模式化的东西，而中国市场在各大跨国公司年度总销售份额中通常还没有达到一定的重要程度，所以它们在中国市场上摔一个小小的跟头也是很正常的事。但这些跨国公司的卓越之处就在于它们能够很快醒悟过来。以韩国三星集团为例，其在经历了深刻的变革和转型后获得成功的故事已经引发了很多中国企业的学习兴趣，并成为企业变革创新的标杆。

目前，对于中国企业而言，在增强企业创新能力的基础上、在挖掘中国博大精深的文化价值潜力上做文章，并获得进一步突破，是当务之急；对于国外企业而言，根据中国市场的特点进行营销变革，使国际化的品牌与本土化的文化有机结合，是重中之重。谁做好了自己应该做好的事，谁就会打破目前的僵局，成为中国市场的最大受益者或胜利者。

（三）所有可能的"败局"

有人说，当年联想的"柳倪之争"清楚地折射了中国相当一批商业领袖的理想与视野。中国企业一旦在全球化市场马拉松式的长期竞争中失败，就可能造成全局性的影响，如此则很可能危及中国战略性的经济安全。

基于中国绝大多数企业在营销方面的成长路径，我们对如下企业的发展趋势进行了分析。

联想集团：领导力和企业文化力是令人担忧的事，要想成为受尊重的公司无疑很难。

海尔集团：在依靠大跨度扩张式的多元化战略支撑的国内市场高增长逐步放缓的今天，海尔集团的变革还能坚持多久，它是否会以一个平庸的公司收场值得深思。

TCL集团：在"趋势"的把握、产业"结构"的布局和渠道的"整合"等方面有着丰富的的经验，也有一定的系统优势，但在品牌定位和深层文化的"价值观"等方面面临挑战。手机、电脑业务的成长历程和其在股市上的影响所折射出的深层问题（如老TCL按键电话机产品质量"表里如一、恒久耐用"的传统优势已经丧失，品牌价值在不同业务单元的成长中随意漂移），TCL集团很难满足成为一个坚持价值、追求卓越而不让"机会主义"牵引、受人敬重的公司的社会期望。

伊莱克斯：在中国市场上，其在业务"增长"与品牌"价值"坚持方面遇到了矛盾。伊莱克斯在中国市场的营销历程是尴尬的。同时，其在营销体系"结构"设计和国内市场独有"规则"的协同上也存有缺陷，这也是所有知名的国际化企业在中国市场布局上的共同缺陷。在中国这个巨大而复杂的市场中，营销体系的"长治久安"可以说是最棘手的问题。但它们在此方面与中国企业所进行的博弈中，学习成本的提高和跌倒的教训也可能是最显而易见的。

我们既不会对未来盲目乐观，也没有必要对前景过度悲观。我们希望通过基于中国长期的市场实践和对诸多企业咨询服务中所总结出来的以战略导向为核心的营销变革管理，对一个成长型企业的发展过程中可能出现的某种败局进行说明和预警。

所有可能出现的败局的防范和破解，只在于企业是否用智慧去领悟营销变革的真谛，用心去做。

三、应变之道

（一）定义营销变革管理

关于营销变革管理的定义，如果用一个形象的说法来表达，那就是企业基于战略导向的市场持续高增长之道。如今，很多国内企业都面临着销售增长不力的问题。传统的营销手段在企业如今所面临的许多市场困局面前已经捉襟见肘，显得无奈。怎么办？最简单的办法就是形成一种正确的理论导向，寻找一种新的途径去改变，去变革。但我们知道，在中国词典里，"变"与"变革"是两个内涵完全不同的词。"变"指的是自然界的一个普遍规律，在营销变革管理中，它只是一个原则，没有具体的实际内容；而"变革"则充满着实践意义。在企业市场营销的具体实践中，对于营销变革管理，我们的定义为：在营销战略的指导下，在对企业营销体系内、外各要素——趋势、竞争、领导、整合、结构、增长、价值、规则等的整体平衡与协同下，持续释放营销体系活力和竞争力的市场持续增长之道。

（二）解读营销变革管理九要素平衡模型

我们可以从以下几方面来解读营销变革的平衡模型。

1. 解读营销变革管理九要素

①趋势，主要包括社会趋势、文化趋势、消费行为趋势、市场趋势、产品趋势、技术趋势、产业趋势、渠道趋势等。

②竞争，主要包括产业竞争、市场竞争、业态竞争、关键竞争对手等。

③领导，主要包括世界观、经营理念、决策能力、企业价值链的整体把握能力、变革执行能力等。

④整合，主要包括要素的选择、模式的形成、系统的优化、结构的设计等。

⑤结构，主要包括营销组织、渠道网络、产品线等。

⑥增长，主要包括市场占有率、用户的增长、销售的增长等。

⑦规则，主要包括社会规则、市场规则、行业规则、竞争规则、组织内部的规则、绩效考核、激励机制等。

⑧价值，主要包括企业哲学与信仰、企业文化、领导人价值观、营销导向、组织价值、

品牌价值、产品价值、渠道关系、用户的忠诚度等。

⑨战略，主要包括企业对趋势和竞争的方向确定与路径选择、由此所要建立的企业品牌价值观体系、营销目标确定、营销体系变革规划、营销体系结构整合、营销规则和营销计划的制定与执行等一体化的战略规划。

2. 营销体系的四要素

构成企业营销体系的核心要素是什么？企业在适应市场环境变化时，真正能够影响企业营销竞争力建立的核心要素是什么？在产品、渠道、价格甚至促销手段都同质化的今天，能够使企业超越对手的营销活力在哪里？目前的营销理论对此尚无一个系统的说明。这是当前营销管理中的一大欠缺，使得目前的营销理论在实践中的创新多少显得有些无力和苍白。

营销体系的内在价值是由规则、结构、增长和价值四个要素组成的。

营销变革体系模型可以这样解释。

①规则、结构、增长、价值这四个要素构成了衡量企业营销体系质量的内在参照。

②规则和结构分别是体系中的隐性组成部分和显性组成部分，二者之间形成了一种矛盾性的对立与互补。增长和价值是企业营销活动中两种最重要的成果导向，企业的不同阶段、不同经营目标、不同战略取向、不同企业品牌价值观等都会对这两个目标要素有所取舍，营销变革管理的核心目标就是寻找这种增长（量的范畴）与价值（质的范畴）的和谐与平衡。

3. 营销变革管理的核心四要素

营销变革管理中的四要素分析方法主要是一种从宏观市场的角度来理解营销体系变革管理的内在逻辑方法。营销变革管理的核心四要素是"趋势""竞争""领导""整合"。

营销体系是一个相对稳定的结构，是变革所作用的对象。理解营销变革的机制是主动进行营销变革的核心问题。

"趋势"与"竞争"是一对市场大环境演变和市场主体内在行为之间相互影响和作用的关系变量，是企业基于战略导向的营销变革外在影响和实施依据。"趋势"是市场竞争的外在动力，而"竞争"是"趋势"作用下的具体表现。

"领导"与"整合"之间是一种互动的关系。"领导"的主要功能体现在它引领变革管理的进程和成果，把握营销体系的整合工作；而"整合"则贯穿于营销体系变革管理的全过程，驾驭体系变革的整合之道是受"领导"所引领的。因此，"领导"与"整合"是营销变革管理理论体系中一对重要的核心矛盾关系，它决定着营销变革的成败。

"趋势""竞争""领导""整合"这四个要素构成了企业营销变革管理的外部影响和内部选择的有机系统。外部关键因素的作用和内部的变革能力，促使构成营销系统的"结构""规则""增长"和"价值"四元素的良性转化，这种相互作用的动态平衡形成了企业营销变革管理的主要活动机制。

（1）趋势

本书用戴尔公司、康柏公司、国美电器和郑州百文股份有限公司（简称"郑百文"）的事例来说明趋势的价值及其在营销变革中的意义。为什么戴尔公司会持续成功，而康柏公司由盛而衰终被惠普集团收购？为什么国美电器从京城卖彩电的零售店发展成中国家电行业的超级连锁商，而当初在彩电市场呼风唤雨的分销狂龙——郑百文会因错失渠道转型的大好时机而最终走向失败？这些问题的关键在于企业领导者对市场未来发展的某种深层趋势的把握存在差异。戴尔公司和国美电器在不同国家的市场看到了消费行为的变化，以及渠道扁平化的必然趋势，并将当时还很小的细分市场做成了一个大市场，通过自身市场营销的先进模式和极具弹性的营销体系结构，建立了行业的新规则，成为市场趋势与潮流的先导者。当然，这是在紧扣营销变革的领导者把握"趋势"这一核心要素的前提下才可以实现的。正如孙中山先生100多年前所说："世界潮流，浩浩荡荡，顺之者昌，逆之者亡。"

在营销变革中，"趋势"的发展有如下规律。

①某种个别的消费需求或一个很小的细分市场，往往蕴藏着商机。像戴尔公司开始时对个别用户上门设计和安装电脑，国美电器当时在北京新街口开一个小小的彩电零售店一样，趋势如春天大地上破土而出的新苗，在开始时通常表现为一种很少且很新奇的需求方式。

②趋势的制造有时依赖于领导人敏锐的洞察力。很多成功的模式并非一开始就有被大多数人认同的显性市场。虽然市场上潜藏的消费需求成千上万，但真正能够将其培育为某种产品或服务的大批量需求的，却寥寥无几。正如世界上所谓的发明和专利数以万计，而运用其所制造出的产品却像沧海一粟一样，并不是每种个性化需求都会成为一种具有商业价值的市场动力，都会转化为主导市场趋势的需求。

③放大细分市场。戴尔公司创始人迈克尔·戴尔的过人之处，就在于他在洞悉到直销模式的价值后，看到了一个重要消费时代的来临，进而辍学，开办公司，将这个细分市场一步步做起来，使有可能成为市场趋势的东西变成一种真正的消费行为和潮流。反观当年的郑百文，虽然早期为一个小小的郑州百货文具批发站，却因为转业兵出身、从事家电维修服务的李富乾看到了中国日化用品和家电市场传统的渠道正逐步丧失竞争力，及时抓住中国市场上大分销的巨大机会，勇敢地把握家电渠道转型的大趋势，从而建立了中国早期的家电分销"帝国"。但令人心痛的是，在企业业务牛气冲天的时候，企业领导人却忽视了第二次家电渠道向扁平化转型的大趋势。粗放业务浮华的成功，使对价格竞争最为敏感的领导团队得意忘形，即使市场竞争已水漫金山，却仍没有人发现中国一个新消费时代的来临，没有发现一个新的更加贴近市场、更加专业的渠道模式的诞生。事实上，大批量粗放分销的时代与直接体验消费的时代有着天壤之别。一种与传统业态显著不同的营销模式和渠道模式正在出现。谁看清了趋势，谁就是最终的赢家；谁忽视了需求，谁就会成为市场竞争的牺牲品。这就是洞察和把握市场"趋势"的战略价值。

（2）竞争

本书在讲中国市场越来越国际化的竞争对企业造成的压力时，我们列举了中国家电业的事例。中国家电业受制于同质化瓶颈的束缚，以及低层次的竞争消耗战等问题，使得此行业竞争的恶性程度为其他行业所无法比拟。这也使得那些先知先觉并具有强烈忧患意识的一些优秀中国家电企业，在缺乏战略纵深核心能力的现实条件下，凭借其了解国情、熟知市场现状、在广大内需市场中为寻找营销竞争力开辟途径的行为，成就了中国企业20世纪90年代以来最辉煌的营销实践。而基于战略导向的持续营销变革管理就成为中国市场与世界市场相比所拥有的独一无二的关于营销活动的精彩篇章。这种激烈的营销大战正是西方营销理论最好的验证，也是催生具有中国特色的营销变革管理理论的丰厚沃土。以长虹集团为例，从早期秉承持续领先的产品创新理念，到后来品牌与产品的毫无个性，从早期的创新型代理制下所形成的"大开大合"分销模式的成功，到最后全国渠道冲突、恶性窜货招致营销网络建设的战略滞后，以及在中国经济转型混沌初开时，从企业开创之初使用价格杠杆构建市场竞争力的天才，到后期毫无节制的降价所引发的行业巨大争议，倪润峰没有正确地把握长虹集团的命运。从倪润峰的"两出两退"到赵勇的"两进一退"，长虹的营销变革过程在业界人士的眼里带有几分悲壮和茫然。成功与失败的分界线虽然看起来不那么明显，但长虹集团等企业营销变革的经验与教训，已足以成为国人学习和思考的宝贵教材。正因为有了轰轰烈烈的市场竞争，才使得企业的营销变革显得如此频繁和曲折，也使得其成为企业在竞争中不得不面对的大问题。

（3）领导

当今世界，从政治到经济，从历史到今天，不管是政党、军队还是企业，对领导力的需求最为迫切。领导力要素包含以下几方面的指标。

①变革的理念。一个好的理念应该包含对趋势的准确把握和对竞争的深入理解。好的理念是一种锐意创新的结果。正如华帝公司十几年坚持的经销商"利益共同体"理念，格力集团在区域市场通过渠道整合所形成的独特销售模式一样，变革是一种基于多赢的理念和对消费者心理的把握而形成的程序。

②对营销变革管理全过程的重视和把握。现代意义上的营销活动需要企业领导者对营销战略高度重视，这是对传统意义上营销行为的一个超越。

③全价值链的营销。在传统意义上，营销是企业价值链的一个局部环节，只要有营销经理就可以解决营销中的问题。现代营销则提出了更高的要求，即要求管理者对企业价值链的所有环节进行严格的分析和判断，找出营销竞争力之所在。所以说，现代营销的竞争力要求领导者不可以只就营销谈营销，价值链营销使得企业对领导力的需求已经变得更加迫切。

（4）整合

笔者在总结了自身长期的营销实践和咨询服务的基础上，对传统的营销理论进行总结和创新，并对中国市场的营销实践活动提出了有价值的建议，即希望企业在营销变革管理活动中，有效地对营销组合进行创新，并用整合的新思维来看待传统的营销要素。我们认为仅仅靠营销要素的某一方面或者简单的局部改变是不可能促进营销体系变革的。在传统的营销要素基础上，企业营销的变革之路要通过营销要素的整合来实现，这涉及以下几方面的内容。

①单个营销要素的分析。传统的营销要素包括产品、价格、促销、渠道、顾客、成本、沟通、便利性、传播等。

②选择。在对企业经营环境进行分析后，对具体的营销要素进行规划体现了营销最为基本的使命。比如，海尔集团以服务作为营销的突破口，获得了较好的市场效果，TCL集团在渠道创新上取得了较好业绩，长虹公司在产品创新上也有所收获。对于中国企业而言，这些都是不可多得的营销实践，它们反映了营销变革中整体与局部的统一、战略与策略的统一、个别与整体的统一。

③模式。整合所获得的结果之一应该是一种营销模式的建立，这是营销变革管理中对营销实践的最高要求。没有建立一种好的模式就不可能实现真正意义的营销变革，如戴尔公司最终就是以直销模式获得成功的。对"趋势""竞争""领导""整合"四大核心要素进行实践后，通过营销体系的"整合"进而形成一种具备竞争力的营销模式，是营销变革管理理论的使命和追求。从这个意义上讲，现代营销已经上升为一种大营销系统的竞争，而不只是在某种或某些营销要素上的局部领先。"组合"与"整合"虽然只有一字之差，但体现在营销战略上却有天壤之别。

笔者认为，需要对以下内容进行说明。

①在营销变革的要素分析中，营销变革管理的四要素是最核心和本质的。企业在进行营销变革的分析时，将其与营销体系的四要素有机结合起来可以获得良好的变革效果。

②这四个因素的内在逻辑为：在进行传统营销组合分析后再进行安排。如果一个企业在传统的营销组合中可以解决问题，就没有必要进行营销变革了。因为对任何一家企业而言，营销变革都是一个高难度的复杂系统工程，需要慎重处理和对待。

③一般来讲，运用营销变革平衡模型进行分析的顺序为：趋势分析—竞争分析—领导力的准备—整合模式。营销变革有时是一个逐步推进的过程，可以分步骤进行解决。

④在整个平衡模型中，战略是营销变革管理九要素的中心，其所起的是一种企业变革维持动态平衡的作用，这种平衡主要体现在以下几方面。

第一，"增长"与"价值"的平衡：我们主张的"增长"是一种基于价值的良性增长。有着内在"质"的保证的量化市场增长才是长久且可持续的。

第二，"结构"与"规则"的平衡："结构"是营销体系中固有硬性部分（包括组织、人员、品牌、产品、价格、渠道、传播等）的具体体现，而"规则"是营销体系中的软性部分，也是营销诸要素结构关系的依存条件，以及遵循外部环境的市场趋势、实现企业自身价值、满足增长需要的客观依据。营销变革管理的逻辑基础，就是通过对"结构"和"规则"之间的关系不断进行优化整合的过程，通过"否定之否定"的手段寻求二者的平衡，以期实现企业营销体系的健康、活力，以及可持续性成长。

"趋势—规则—战略—结构—整合"诸要素之所以具有相等性和适应性，正是因为营销战略在其中起着核心作用。这也是使基于战略导向的营销变革管理更具有可操作性，并使企业营销管理保持平衡的一个很好保证。

"竞争—增长—战略—价值—领导"之间的和谐与平衡是企业进行营销变革、执行营销战略的目标所在。

从企业营销变革路径来看，一个企业所进行的营销变革始于领导的自觉，而自觉表现为对企业价值的坚持和创新。在具备这些条件后，就要着手进行营销战略的制定。这一过程需要综合考虑营销变革管理的核心四要素。在深入研究各关键要素的所有平衡后，营销变革管理才能解决企业业务增长的困惑，才能使企业保持营销竞争力。

第二节　如何突破企业增长极限

2004 年 12 月 11 日，中国正式加入世界贸易组织（WTO）将满三周年，这意味着中国加入 WTO 的三年过渡期已经结束，一些优秀的国内企业也已过完了 20 岁生日。对于国内企业来讲，这三年是一个进行思考、调整、适应的时期。当我们回顾历史，看到的又是怎样的一幅幅画面呢？ 2004 年西班牙埃尔切人火烧温州鞋的事件，让我们感觉到一些走向世界的国内企业还只是停留在依据成本和价格优势占领一些低端市场的层面，还无法从品牌价值上确立我们在国际市场上的权利和地位。而与之相呼应的是，我们对浙江民企（中国成功的创业型企业群体）将往何处发展展开讨论。2004 年，浙江有影响力的民营企业家——王均瑶的英年早逝给有关这方面的思考蒙上了一丝悲观色彩。我们对中国民营企业的发展产生了一种群体性的不安。

从 1992 年到 1995 年，华帝集团的年销售额接近 2 亿，其在厨具领域已经成为一家初具规模的中型制造企业。但是从此以后，华帝集团就一直处于低增长状态，而且从 2000 年到 2002 年的三年，其增长率也只有 7% 到 9% 左右。华帝集团似乎一直就没能像其他很多家电企业那样进入高成长状态。但从 2003 年开始，华帝集团实施的营销变革管理使其走出了低增长的洼地，开始了新的飞跃。

2004 年，中国华南地区最大的钢管生产企业——佛山五湖实业有限公司宣布斥巨资 3 亿元进军饮料行业，大规模开发具有保健功能的绿色果汁产品。目前第一个绿色果汁产品——巴西果王汁已经全面上市。其实从 2001 年起，五湖公司便开始把目光转向多元化拓展。雄心勃勃的中国民企总是在令人不放心的状态下就开始了与其能力不相适应的"十字军东征"。

在 2004 年第八届首席执行官（CEO）年会上，柳传志讲道，联想是一家上市公司，必须为股东取得更高的利益回报。利润要想持续增长，就必须扩大规模。目前，联想的营业额是 30 亿美元，虽然在中国的个人计算机（PC）市场上占有 27% 的市场份额，在亚太地区也是第一，占 13%，但要实现 100 亿美元的收入，中国的 PC 市场还没有那么大的吞吐量。联想目前的状况是：传统业务停滞不前，新的业务拓展不开，竞争对手风起云涌，这种状况需要一场真正的变革。2004 年，在联想第一财季发布会上，杨元庆坦然这样作答：三年的总裁路，与当初所定的 600 亿元的目标相距甚远，而戴尔公司却在过去的两年里发展迅速，其在中国的市场份额已达到了 7%，而联想却一直在 30% 的格局中徘徊。

这一幅幅中国企业发展瓶颈的众生相其实不是部分企业的个别现象，而是对一种群体性战略状态的真实描述，是中国企业在"贸工技"路线中所面临的一个拐点，是一种要求企业提高自身素质的本能力量。正如柳传志所言，中国一些相对优秀的企业目前正普遍面临"增长突破"的问题。他说，联想目前所面临的问题其实是中国绝大多数企业正在面临的，或者将要面临的问题。增长停滞（如华帝集团）或者增长极限（如联想集团）的解决之道要求我们的企业在发展中应该产生整体性的蜕变和群体性的觉醒。

一、正确认识增长极限

如何看待增长极限或者说是增长停滞问题呢？增长极限（增长停滞）究竟是个别现象还是一种普遍、规律性的现象？笔者认为可以从两个方面来说明：一是企业（产业）周期理论；二是企业市场格局理论。

任何行业都有"兴起—成长—成熟—衰落"的周期。以中国的家电业为例，前几年该行业曾陷入全行业亏损的困境。盲目的多元化、价格战，巨额的服务和营销费用，在很多表象背后是企业产权制度的滞后。计划经济时代的制造方式、领导者的落伍、客观环境的限制加上非理性的竞争手段，使得企业在一个缺乏价值导向的简单增长模式中谋求发展。于是出现了企业拼命地进行生产以求进入流通环节，结果对销售不出的产品又无奈地进行拼命降价的现象。再生产，再储藏，再降价，如此构成了家电业的运作模式，而与之相随的则是同质化、增长停滞等问题的出现。于是，中国家电业的生命周期出现了无法起死回生的劫难。但随着家电业大规模的行业整合和产权改革，新一代企业领导群体的崛起，营销的不断变革，目前中国家电业已从增长极限中获得了新的成长空间。

企业生命周期理论告诉我们，任何一个行业或者组织都有一个内在的自身发展规律。增长极限的出现就是事物发展到一定程度后所出现的必然现象，但如果不注意通过变革去引导企业发展，就很难快速摆脱停滞的阴影。

能够对企业生命周期理论进一步补充说明的是企业市场格局理论。该理论可以解释为什么有些增长停滞是无法克服的。众所周知，联想在第一个三年计划没有实现后，并没有很好地解决增长停滞的问题。据个人电脑制造商戴尔公司预测，亚洲的个人电脑销售将继续增长约 25%，其中主要是台式电脑的换机需求以及中国市场的进一步扩大。之前在戴尔公司主管亚太业务的副总裁比尔·阿梅利奥表示，亚洲地区的销售态势依然强劲。戴尔公司在亚欧市场的电脑出货量大幅增加，增长速度已超过美国市场。当时据他估计，戴尔2004年的收入将为500亿美元左右。根据互联网数据中心（IDC）公布的数据，戴尔公司2004年第三季度在除日本以外的亚洲地区个人电脑出货量排名第四位，比2003年同期增长31%。可见，戴尔公司正处于成长的发展期，而联想集团却已进入中年。那么处于这种状态下的联想应该如何理解自己的困境呢？我们的判断是，联想集团在中国市场上差不多已做到了极致，就算有所突破，不外乎两种选择——多元化或国际化。然而不论选择哪一种，都不会是一条平坦的道路（事实上，联想在2004年岁末做出了惊天举动：为了突破增长极限，联想斥巨资收购电脑业鼻祖IBM处于亏损状态的个人电脑业务，也许联想选择的是"过山车"式有惊无险的战略）。

那么如何从市场格局理论来理解增长极限的问题？所谓格局就是一个相对成熟的系统。一般来说，一个市场发展到一定阶段后就会形成一个格局，而格局是由市场上的竞争企业所构成的。通常市场格局是由领导者、跟随者、挣扎者三种状态的企业构成的。一般说，前三名是领导者，接着就是跟随者。跟随者要增长，就要挑战领导者的权威。在跟随者之后的，就是勉强的生存者。这样的市场格局在所有的行业中都有规律的。

市场格局一旦形成，就具有相对稳定性，这就是企业市场格局理论的特点。但很多企业并不了解这一基本事实。比如，长虹集团在其市场占有率为近30%的时候，它觉得仍然有进一步增长的空间，于是不是采取持续降价的策略，就是选择垄断彩色显像管的方法，希望其市场份额实现50%以上的绝对垄断。但事实证明，这只是一厢情愿的想法。长虹集团的市场份额不但没有像预期那样大幅提高，反而出现大幅度的下降，品牌的公信力严重受损，不但增加了成本，还使盈利水平大幅下降。这是一个证实企业格局理论力量的典型案例。再如，格兰仕集团在微波炉领域已经位于世界前列，但由于其以贴牌生产为主，品牌影响度不高，竞争力只是源于微波炉全球制造价值链中的组装成本优势一环。虽然如此，单纯以降低成本作为竞争手段的企业也会面临增长瓶颈的问题。所以格兰仕除了开发新的光波炉产品外，还涉足空调行业。然而事情的发展却不尽如人意，低成本模式没有被复制成功。

那么对一个成熟的行业来说，除了受行业生命周期的影响以外，还有哪些因素会影响企业的增长极限呢？有关研究和分析显示，有四个重要的因素会影响行业的增长极限：

①技术的难易程度；

②资金的需求度；

③品牌的敏感度；

④管理的难易程度。

一般来说，如果上面四个因素的需求度高，那么企业就有可能占据较大的市场份额。如微软公司，因为技术门槛太高，它就可以形成一定程度的垄断优势。反之像中国的一些家电企业，由于技术的通用性强，资金的需求度和品牌的敏感度都不高，所以在行业内做得再好也很难有非常高的市场占有率。这就是市场格局理论给我们的启示，它为很多希望正确认识增长极限问题的企业从另一个侧面进行了解释。

凡事都需量力而行。企业遇到增长瓶颈问题后不应害怕，而要通过对一些规律的研究，正确认识增长极限是行业和企业发展到一定阶段后的必然产物。如果要想有所突破，就要弄清应该在哪些方面下功夫。盲目地遵循传统的思维定势是不会取得令人满意的效果的。

二、如何突破增长极限

有这样一个问题："当生产线上突然出现一条蛇时，你会怎么办？是打死后再说，还是先进行研究？"学习型组织的创立者彼得·圣吉曾说，任何企业都面临生存的问题，企业必须通过学习以适应不断变化的环境。但学习型组织是美国文化下的思维方式，而中国的传统文化是注重情感。对于大多数国内企业而言，还是先打蛇然后再说吧。没有增长，企业就面临死亡。通过对很多企业（包括万科集团、明基、IBM 等）的研究，我们发现一些企业在面对现实的市场竞争环境时或展望未来的发展战略时都会明显地流露出对增长的渴望。

既然现在很多国内企业存在普遍性的增长极限或增长停滞的问题，那就势必会影响中国经济的整体表现。那么我们如何才能够有规律地实现群体突围呢？我们对很多企业进行了一定的研究。最直接的办法是在以战略为导向的前提下进行以提高营销系统综合能力为目标的营销变革管理，这是基于营销战略和执行两个层面上的深度变革。在此，我们来看一些企业的做法。

上海火速公司在创业初期，曾经历过两次倒闭，但后来却创造了综合经济指标年均增长速度 300% 的奇迹，年营业额从 2000 年的 150 万元，跳跃到 2003 年的七、八千万元，并且现在营业额还能够保持月均 10% 以上的增长速度。这样的增长速度，无疑可以招来众多羡慕的眼光。该公司总经理刘小光告诉媒体，公司飞速扩张的最大奥秘是网络实名。但隐匿于网络实名策略后面的又是什么呢？那就是对营销变革管理模型中关于"趋势"要素的把握。

刘小光描述了代理网络实名的过程。2001 年前后，3721 公司推出了网络实名这样一个快速上网工具。当时，也有别的公司推出了类似的产品。2001 年，3721 公司和网络实名的知名度都很小，而且那个时候的网络实名还得下载插件才能够使用，比较麻烦，很多人都不愿意代理这个产品。但刘小光分析发现，虽然网络实名需要下载插件才能够使用，但它的插件覆盖面已经很广。据 3721 公司提供的数据，插件已经覆盖了 85% 的上网用户。上海火速公司自己所进行的调查也证实，网络实名的辅助插件已经达到了一个比较高的覆盖面。之前，上海火速公司自己曾开发过一个网络推广监测系统，能够监测各个网站的访问量。根据这个系统反馈的信息，每天都有众多网民通过网络实名访问各个网站。因此，刘小光感到，网络实名这个收费低廉的产品能够为他们的客户带来实际价值，能够带来客户想要的访问量，实现品牌价值的提升，也同样能够帮助上海火速公司快速成长。刘小光抓住这一市场趋势，进行变革，获得了成功。近两年，计算机技术（IT）行业创造的奇迹很多，如上海盛大网络发展有限公司把握住了网络游戏的市场机会，深圳市腾讯计算机系统有限公司把握住了即时通讯放量的机会，三五互联科技股份有限公司把握住了国际域名注册的机会等，这些都是对行业和消费者消费行为趋势准确把握的企业典范。

而华帝股份有限公司（以下简称"华帝"）则是紧紧抓住营销变革的另一个层面：在整合营销体系的市场结构上下功夫。营销变革管理是一个需要长期坚持的很大的整合系统工程，其价值往往表现为在整合后所释放出的营销系统综合能力提高的价值上。在华帝的营销变革实践中，我们发现整合问题是一个要搞好"分和合""升和降""养和弃"等矛盾关系的辨证平衡问题。在渠道变革方面，对于与华帝风雨同舟十几年的全国代理商，是放弃，还是强化关系？是帮助提高，还是任其自生自灭？"休养生息，固本强基，重点扶植，比学赶帮"的变革方针，是华帝有史以来进行渠道优化整合的最大运动。华帝在营销方面的整合路径为：从代理商体系整合入手，以求市场稳定，释放重点渠道商（尤其是愿意变革、主动转变观念的区域经销商）的业务增长能力，再反作用地提出区域营销组织的变革问题，实施区域营销组织的重建和人员配置，最后在全国大部分市场上实现恢复性增长。当出现新的重点区域高速增长后，在实行事业部的基础上，建立以战略为导向的整体营销系统，尤其是营销组织的整合升级工作。沿着这条思路，在树立以"市场、服务和增长"为导向的三原则基础上，调节和拉动营销的各要素，先外后内，先渠道后组织，先基层后高层，形成良性互动，使整合变革工程基本上在稳定和不伤筋动骨的情况下逐步良性推进。华帝的渠道体系整合经验告诉我们，任何营销体系的整合都要遵循一定的基本原则：充分利用资源的原则、扬弃平衡的原则、先易后难的原则、循序渐进的原则。

稳定与破坏协调的原则。在营销变革的"三个沉降"前提下，华帝深远而及时地提出了营销系统"三个沉降"的变革路径，使营销系统在适应市场变化、克服官僚集权、放活区域和一线营销活力等方面有了很大改善。"三个沉降"为：总部决策职能（股份公司）向销售系统职能沉降；总部营销管理职能向区域市场职能沉降；区域业务操作层面的职能向一线终端沉降。这样做的主导思想是使营销系统向更有活力和更专业化的方向发展，尽量为营销放权，通过流程再造和优化梳理，科学地增加销售管理的控制能力。整合后的华帝实现了三个方面的提升：营销体系管理者和渠道商专业素质的提升、市场运营控制能力的提升、市场信息反馈质量的提升。

正是因为有了精心准备和实施的变革方案，华帝营销系统（尤其是渠道系统）的整合才不只是一场革命，而是一种有序有质的变革。在成功进行了营销变革管理后，华帝一改过去多年来增长停滞不前的状况，在实施变革的当年即实现年销售额增长 35% 左右，这两年也实现了近 30% 左右的增长。

除了进行渐进式的营销系统变革整合以外，在战略、战术层面还有一些突破增长极限的方法。我们再看以下一些例子。

联想集团将在相关多元化的道路上继续走下去，这与联想集团所在的行业有关。虽然其在中国的 PC 行业中有较高的市场占有率，但因为该行业在国内市场的整体空间有限，而联想集团本身也未能掌握 PC 业的核心技术，因此，通过多元化来突破增长极限的国际化之路成为联想集团的战略选择。联想集团对 IBM 的 PC 业务收购就反映了这方面的战略调整。

与联想集团的战略漂移不同的是，万科集团在房地产方向的继续深入发展则与其对世界房地产行业的整体性判断有关。根据美国或日本的情况，前五位房地产企业的平均市场占有率为 3%，而万科 2003 年在中国的市场占有率是 0.99%。假设通过 10 年的良性发展，万科也可以达到 3% 的市场份额，那么其销售额将是 1000 亿元。房地产业没有像 PC 业、手机业、家电业那样多变的竞争态势，走专业化的路线是可以实现持续性增长和规模化经营突破的。

企业的增长极限问题既涉及行业发展规律，又涉及中国的特殊国情，更是企业发展到某一阶段后的自身能力问题，这就使得企业对增长极限的突破问题把握起来有些困难。不过，可持续性增长仍有规律可循。我们再看几个国外企业成功突破增长瓶颈的例子。

之前在沃尔玛担任首席财务官的约翰·门泽 2003 年曾对媒体表示：“我们曾经拥有快速的收入增长，年复合增长率高达 16%，但几年前我们开始目睹增长的放缓。我们知道大多数大型公司的销售量在 200 亿美元时达到峰值，而我们不需要这样的峰值，因为我们相信不断提高的销售量能带动业务发展。这才是长期的价值驱动力来源。”至少到目前为止，沃尔玛一直坚信能够实现不断增长的动力，来源于长期对客户服务的改进，来源于采购链和供应链系统的整合，来源于经营方式的变革和创新。沃尔玛的经验是，长期追求一种价值型的增长才是战略性的增长之道。

三星也持相同的观点。20 世纪 90 年代末，三星的困局也和现在中国的许多企业一样，是一种计划型的粗放增长模式。但当时三星 CEO 李健熙及时调整了战略思路，实施了以质量为导向的价值型发展战略，使三星的企业增长理念回归到了企业价值基础的原点。

以上从战略导向、营销变革管理等层面对增长极限的突破问题进行了一些分析。下面，我们将从创新、企业文化等方面做进一步探讨。

战略学家们借用了一些工业时代的名称，将这个方法命名为“增长车间”，把它形象地比喻成“创新厂房”——其产出是一系列的增长平台。增长平台使企业能够持续创新，但此方法的核心则包含着对增长更为深刻的理解：在回报不断增长的环境中，增长可以在企业不同层级中不断延伸，促进更多的增长。“增长车间”法就是从创新这一最古老、最神秘的行为着手的。实际上，不断增长的回报最直接的来源无非是新产品、新服务或新的分销渠道以及与客户的密切关系。大家普遍认为创新是很难加以培育的，但经济学家保罗·罗默却使“社会回报能够不断增长”这一理念为商界所接受。他被《华尔街日报》尊称为“增长大师”。罗默的观点如下：“每一代人都低估了自己找寻新理念的潜力。很多机会有待开发，而我们却总是错过这样珍贵的机会，错过的可能性不减反增。”然而，过于强调创新是增长战略的关键，也有不利之处：企业在进行创新时养成了很多陋习，如认定传统的研发是全部创新内容的源泉，以及过于依赖并购、把创新视为毫无定式、不可管理的偶发事件等。

随着知识管理时代的到来，在企业官僚主义盛行的研发部门中，有关创新能力缺陷的讨论也越来越多。对企业研发的跟踪研究表明，成功研发所产出的适销专利越来越少。在研发预算增加的同时，研发所花费每一美元产生的专利数反而比以前减少了。据有关研究揭示，大多数企业的研究是围绕多元化展开的，而不是真正的创新。

战略层面中有一个不得不说的问题，那就是文化。《布局》一书就将企业文化战略作为企业能力战略的三个通用战略之一，旨在说明在面向未来的竞争中，文化战略对提高企业竞争能力的重要性。其实中国企业要想使增长在可控范围内具有持续性，将企业文化的整合放大也是一个捷径。在 20 世纪 90 年代初，华为在制定《华为基本法》时，开篇就讲到"文化是明日的经济，资源是会枯竭的，只有文化才会生生不息"的理念。万科的王石曾说过，未来的万科在可持续增长问题上所要做的最重要工作就是检讨"文化"问题。他说："从文化背景来看，我们儒家文化的背景，小农经济的操作方式，包括我本人，是不适应搞全球性的大企业的。"因此，在中国建立具有独立人格的商业文化是那些曾经经历过高增长的企业面向未来竞争的应变之道。

事实上，如果企业只需稍做调整就能够增加企业文化中的增长导向成分，那么说明企业已经处于低风险的水平状态。众多研究成果显示，新产品推介成功的概率为 6% 左右。谁都希望能在其中占有一席之地。当新技术与消费者的未来需求相吻合时，很多管理出色的优秀企业在新技术开发以及技术的市场价值转化方面一直以来都处于整个行业的领先位置。然而，只有凤毛麟角的企业成功建立了能够有效规避风险的创新型企业文化。当需要向小项目注入大笔资金时，人们往往会小心翼翼并关注效率。一个优秀的增长战略至少应该涉及企业文化中有关规避风险、提升效率的问题。

郎咸平在 2004 年曾说："我可以大胆地讲，没有一个行业（竞争性行业）在 2004 年是好过的。"郎咸平表示："行业的毛利率下降，企业的成本已经降无可降了，而且周围的对手也和你一样聪明。"郎咸平提醒众多高成长的企业，缺乏理性的高成长一般是企业失败的开始。他说，当企业快速成长的时候，企业家开始自鸣得意，写传记，拍电影。但企业壮大之后，当企业家的能力与企业的规模不相匹配的时候，企业家对投资方面的选择就有些茫然了。郎先生举了另一个经典的、选择多元化发展的企业案例——香港和记黄埔。该企业投资了七大行业，但依然能够保持稳定的现金流，其秘密就在于其七个行业资产组合以后的成长率是 5% 到 20%。和记黄埔进行投资时，首先想到的是，如果一旦投资失败，可以用哪一块来补救它，这也就是所谓的互补。郎咸平说："如果中国企业都能够实现这样的成长率，就可以放心了。你在投资的时候，不光要写可行性报告，还要写不可行性报告。"不过，郎咸平的观点如果用明基电通董事长李琨耀的话来表述可能更容易让人接受一些。他说："我觉得过去内地企业的运气是太好了，或者说是命太好了，每年都是翻倍增长。现在增长 10 个点、20 个点就觉得太慢，这是不对的。我觉得应该告诉大家一个合理的评价，其实都做得不错，只是过去对它期望很高，或者是大家所传递的信息让企业觉得存在很高的成长空间。应该把中国企业放在全世界的天平上来看，使其能够比较合理地评价自己。"

所以，对于增长极限或者增长停滞问题，我们可以得出以下三条结论。

①不要过于迷恋高增长。

②正确认识和理解增长极限问题，认识到增长问题的自然属性和市场的必然属性。

③增长停滞问题是可以通过战略和文化的调整、营销变革管理、产品创新等方式来实现的。这一点对我们许多国内民营企业具有更现实的指导意义。

第三节　如何突破营销体系的结构滞涨

在中国企业必须不断做大做强的声浪之下，企业为突破增长极限而进行多元化扩张之后，所要面对的是自身复杂低效、丧失活力、缺乏竞争能力的营销体系。而营销成本的急剧上升、市场增长的停滞不前、品牌价值和影响力下降、渠道体系的动摇以及客户流失等其不可承受之重，将是每一个企业都必须面对的更为现实的问题。

如今，那些习惯于小公司管理松散的企业家所面对的是一个庞杂的营销体系：增长的产品线由于企业兼并重组而增加的新品牌等。而在这些新产品和新品牌的汇合下，要么是现有的营销组织捉襟见肘，要么是营销人员东拼西凑的大杂烩。在增加了太多并不熟知企业文化的新面孔时，更增加了一批要论功行赏、论资排辈的新"官僚"。更令人头疼的是，渠道结构的多元化将变成一个面临多种冲突的火药桶。一旦处理不好，将直接引发营销体系的涣散、市场竞争能力的弱化和市场增长的下降。

这是一个凡事都变得复杂的时代。营销人员要想使营销结构变得更清晰，就必须探寻和制定新规则，树立基于市场导向的流程，创新营销思维。

我们无法回避营销体系的结构要素中的四个核心层面：品牌体系、产品线、营销组织、渠道结构。这四个方面是整个营销体系中的显性部分，也是刚性的部分。在企业需要不断实施营销变革的年代，这四方面所表现出的问题可以用一个很生动的词汇来说明，就是"结构滞涨"。这就像一个人突然向口里塞进一大堆食物，来不及细嚼慢咽，一时间就会在食道内形成阻滞和涨痛，或者当一个家庭出现三代同堂，或者恰逢节日有来自不同方面的亲朋好友拜访时，一个小家庭的结构关系就复杂了，相应的家务矛盾就出来了。这虽然只是一个形象的说法，或者是司空见惯的社会常识，但在我们的现实生活中，这些不都是屡见不鲜的事情吗？

一、多品牌策略与营销滞涨新问题

说起来，乐华电子（包括其前身香港长城集团的历史）比 TCL 集团的历史还长。20世纪80年代，乐华品牌（广州乐华彩电）曾经是中国电子行业最有竞争力的品牌之一。1996年初，长城集团在其创始人蒋志基先生遭遇车祸辞世后，改变股东结构，此后一改纯粹的出口加工贸易模式，决心通过引入品牌来开展国内市场的彩电营销业务。在这种情况下，它彻底买断了广州乐华电子的"乐华"品牌，开始了新"乐华"品牌的推广战略。由于惠州长城公司有着良好的产品开发能力，短时间内，其彩电产品的市场份额在国内彩电业中进入前六名。2001年后，由于彩电行业利润直线下滑，乐华模仿 TCL 集团建立的营销网络运营费用高居不下。决策层情急之中，开始撤销区域营销中心，实施区域大客户的代理制模式，并砍掉了二、三线市场的中小经销商。其实，不管是建立直控市场的营销网络，还是实施民营企业选择较多的省级代理制，策略本身没有对错，只是由于高层缺乏审时度势、张弛有度的变革管理能力，再加上渠道模式的急转弯，面向消费者的产品售后服务没能跟上，彩电市场出现雪崩，空调市场竞争加剧，库存资金沉淀加大等多方面因素，2002年11月，乐华经历了资金链断裂、资不抵债和兼并重组等多重变故后，整个集团从此一蹶不振。后来由于广州市政府和惠州市政府的介入，又因为乐华的主要生产基地与 TCL "王"牌彩电的生产基地刚好都处在惠州的仲恺高新技术开发区，再加上优厚的兼并条件，TCL 集团成就了一桩兼顾政府、银行、供应商、渠道商等多方利益的好事。2003年8月12日，TCL 集团和南方科学城发展股份有限公司在广州共同举行新闻发布会，历时一年多的品牌并购以"数码乐华"的正式成立而落幕。新成立的广州数码乐华科技有限公司以乐华为品牌进行彩电产品的生产和销售，其中 TCL 控股有限公司控股70%。自此，"数码乐华"成为 TCL 实施低端品牌策略、蚕食杂牌彩电在农村市场的份额、争夺中国彩电市场总份额的急先锋。

但是，TCL 集团原本的单品牌策略已取得了不错的业绩，而品牌收购后将会形成 TCL 与乐华并立的双品牌策略。以前在收购"佳丽彩"彩电、美乐彩电时，领导人没能了却的多品牌心愿，现在终于如愿以偿。多品牌策略经营的复杂性是否会对 TCL 目前运行相对良好的经营模式带来影响？品牌并购以后，如何将不同品牌依靠整体协同效应使其价值得到提升，且又能各行其道并竞相成长，互不竞争？这将是多品牌策略成功的一门高级学问。

笔者认为，未来市场将高度协同，渠道将高度统一，大众耐用消费品的价格竞争也将更加激烈，单一品牌的培育和维护投入费用将更加高昂，就像很多国际品牌，如索尼放弃了爱华，IBM 放弃了多年培育的电脑子品牌"THINK"等一样。在全球市场高度一体化的今天和未来，最优的品牌资源和高度聚焦的品牌竞争，造成诸多品牌在渠道上的"贴身肉搏"。多品牌的花拳绣腿，看似功夫的眼花缭乱，看似眼前机会的最优选择，随着市场岁月的流逝，企业在战略路径上将会因取直而至曲。孔子曾在《论语》中说："欲速则不达，见小利则大事不成。"这也是对我们的企业家在企业成长的历程中，尤其企业在顺风顺水时的一些启示。

中国企业由于成长历程较短，加之中国在转型期释放了巨大的市场机会（或叫赚钱机会），因此基本上是不太缺乏产业战略的，特别是不缺乏短期实现战略目标能力，以及实现目标的有限构建者，这就像一个极端饥饿的人对食物极端地敏感一样。但随着中国市场与国际市场的接轨，我们将面临全面竞争市场的挑战，我们的企业很有可能在扩张战略的驱动下，丧失战略平衡能力。有时，会因为决策的冲动，造成战略利益的得不偿失，甚至有可能伤害自己的核心生存能力和稳健的成长性。

以格林柯尔系为例，通过一系列并购，格林柯尔系已拥有年产900万台冰箱的产能，居世界第二、亚洲第一。格林柯尔系已经成了一个名副其实的产业巨头。品牌方面，根据格林柯尔系的规划，其旗下的科龙、容声、康拜恩和美菱4个冰箱品牌，将组成3个梯队全面出击。其中科龙主攻高端市场，与西门子等品牌争夺高档冰箱市场；容声、美菱主攻中高端市场，与海尔、伊莱克斯等分食绝大部分中高档冰箱市场份额；康拜恩主攻低端市场，全面拓展县级市场，与"杂牌军"决战。如此拥有国内同类产品1/3的强劲产能，高中低端市场通吃的品牌策略，让评论家惊呼：格林柯尔系将改变国内冰箱的竞争格局。笔者所关注的，是格林柯尔系在大统一的中国市场所将面临的复杂区域营销增长的滞涨问题。注重资本运作的格林柯尔系能否在激烈的并购阵痛后驾驭好这么多匹烈马还有待观望。俗话说："路遥知马力。"品牌在市场中的竞争，不会像香港的跑马比赛那样跑几圈就结束，它是一个持久的奔袭。

基于企业资本扩张战略的思维定势，往往会使决策者对自身驾驭战略的能力底气十足，对企业曾经拥有的市场营销经验持有高度的自信，对企业营销团队持有高度信任和期望，否则就不会有"大开大合"的资本运作。但是，人非圣贤，在企业经营中更多的是孤独的探索和发展，以及企业决策者离真实的市场越来越远的现象。一个企业在某一品牌和某一行业的市场所形成的营销能力，是经历了数年才沉淀下来的。很多企业的多元化战略之所以不能在短期内取得成效，是因为企业营销能力具有不可复制性。企业基于市场导向的营销体系的建立并不容易，虽然有时候可以消化在兼并中的资金、人事、设备、周边社区、与政府的关系中，但在短时间内就能够理顺营销体系中的品牌、组织、人事、渠道、产品线、业务政策与传播策略等要素并非一蹴而就的事情，企业扩张将是一场艰难的变革创新过程。如果决策者对营销体系的能力建设缺乏关注或耐心，扩张战略的实施效果将会大打折扣，甚至会半道夭折。

二、掌握规则：突破营销体系结构滞涨的唯一出路

按照笔者实践和研究营销变革管理的理论构思，要将营销体系的结构问题放在企业战略平衡的角度来思考。而要做到这一点，弄清制约营销体系中结构发展的一些规则是最为重要的事情。在没有规则、规范和反作用的结构体系中，企业组织结构与功能的滞涨问题是无法得到有效解决的。

（一）战略转移

自 1984 年 5 月成立以来，四通集团一直被业界誉为中国著名的民营高科技企业，它是电子信息产业的一支重要力量。2004 年 2 月 15 日，四通电子发布公告，称以总价 11.7 亿港元（约合 12.4 亿元）收购"脑白金"及"黄金搭档"两个品牌的商标等知识产权，以及其在全国的销售及分销网络，总代价超过四通集团 2003 年披露的净资产值的 50%。对于此次收购事件，有分析家认为，段永基（四通集团董事长）"长袖善舞"，整合资源堪称"九段高手"；史玉柱（巨人投资有限公司董事长）悟性极高，营销策划无人能出其右。一个长于战略，一个善于操盘，段永基、史玉柱"跳双人舞"真乃"黄金搭档"。但保健品是否会成为四通集团的鲜明主业——IT 从业者的技术和严谨低调的作风与做保健品成功的史玉柱的风格完全不同（当然，史玉柱早年是从巨人汉卡起家的）。两种风格能否在四通这个品牌下达到"大一统"？四通集团原有的 IT 品牌形象能否继续维持？这对四通集团现有的主业影响巨大。再说渠道和团队是否值这么多钱——业内盛传"脑白金"存在渠道上的库存问题和货款回收问题，而"黄金搭档"更是没有达到史玉柱预期的效果。如果今后这两种产品失去市场，对四通集团日后其他保健品、医药品、个人消费品的影响意义又有多大呢？要进入个人消费品领域，必须要建立一支素质过硬的团队和一个有效的渠道。对于四通集团来说，这是一个全新的领域。因此，四通集团认为 12.4 亿元的资金大部分都是为"脑白金"的团队和渠道付出的。在保健品行业，产品同质化现象十分严重，营销网络则成为品牌胜出的撒手锏。

目前，"脑白金"产品的母公司在全国拥有 36 个省级分支机构，在全国 128 个地级市设立了办事处，而且还拥有 1800 多个县级代理商，其覆盖范围达到除西藏以外的所有省、区、市。在经济发达地区，"脑白金"产品已经渗透到乡镇一级市场。

而今，对于觉得在科技方面无法突破的四通集团来说，在经历了短暂的营销增长滞涨的一时之痛后，进行核心产业转移也是一种办法，但能否坚持住则是其战略转移能否成功的关键。

（二）行业整合

从 2003 年 7 月开始，"买手机，到中域"的广告在中央电视台和一些地方卫视频道频频出现。为了配合自身的扩张需要，广东中域电讯在经销商中做起了形象广告，并在

中央电视台的黄金时段强势播出，风头甚至一度盖过手机厂商。有人说，中域是要赢家通吃，放手一搏了。果然，一个月后，在中国电讯连锁经营虎门峰会上，中域电讯明确提出了"缔造中国电讯业第三方势力"的说法，希望颠覆由运营商（第一方势力）和厂家（第二方势力）主导的电讯零售终端市场，建立一种由市场终端零售商参加并制定行业规则的新秩序，并制订了"五年建万店，年内实现千店"的计划。中域电讯能否消受得起？在中国市场渠道变革风起云涌的今天，不论是厂商还是零售商，都有掌控渠道主动权的野心和欲望，但能否疏通庞大分销体系的营销增长滞涨问题，能否整合各方资源，摆平各方的利益平衡矛盾是核心问题之所在。

中域电讯认为，如果把移动网络运营商和手机制造商分别看作是移动通信行业的第一方、第二方势力的话，手机经销商（包括零售商）无疑应被称为第三方势力。但在目前的中国市场上，第一方、第二方势力均处在政策的保护伞下，这种局面使得中国移动通信市场形成了两极世界。在这种不对称的格局中，第三方势力与第一方、第二方势力之间，显然是一种不平等的对话。而第三方势力的弱小，也阻碍了第一方、第二方势力的发展，从而有可能阻碍整个行业的发展。这种现状涉及整合行业的大战略问题，涉及资金、渠道趋势和市场的反映问题。中域电讯董事长兼总裁李建明说："现在的经销渠道完全是自生自灭、一盘散沙的局面。如果有了一个无限宽广的连锁公共平台，把销售渠道集结在一起，终端渠道商就能彻底走出人微言轻的尴尬。中域通过万店计划，是想建立新的行业生态，希望像家电业那样做主人，而不是手机厂商的附庸。"目前，国内手机分销领域主要有三种势力：一种是专业的连锁企业，如中域、蜂星、天音等；另一种是综合的家电流通企业，如大中、国美、苏宁、永乐、顺电等；还有一种是大型的百货商场和超市，如家乐福、沃尔玛等。

在中国手机零售市场上，龙头老大们当然是早先做国外品牌代理商的中邮普泰、蜂星、天音和爱斯德等。但由于手机厂商日益对传统的层级代理制不满，中邮普泰、蜂星、天音等的绝对优势正在消失。目前，国内有 25 万至 30 万家手机经销店。虽然很多区域市场都有一两个地方渠道品牌，但拥有 100 家连锁店以上的跨省、市大型连锁店在全国不超过 5 家。而中域要做到规模突破千家，甚至要达到万家，这无疑是一个非常惊人的计划。也只有这个计划的实现才可以解决目前困扰中域的营销增长滞涨问题。而这个问题的解决将对中域的管理能力提出极高的要求。中域的勇气和战略，虽然在推进的道路上遇到不少困难，但无论如何这是打破行业游戏规则、通过营销变革积极主动地去建立新规则的战略尝试。这说明规则有时也会束缚企业营销体系的结构伸展，而破局式地打破规则，将使体系结构有机会得以重建新生。苏宁从代理商蜕变为零售连锁商，国美从平价彩电零售店转变为全国的家电连锁商，无不说明了这一问题。

（三）找到合适的人

应该说，TCL 是一个在耐用消费品营销上相对成功且富有经验的企业。TCL 在吸取了组合音响渠道失败和电话机总代理制模式困境的惨痛经验教训后，从彩电营销网络的建立开始，就一直沿着这个适合中国市场国情和未来发展的成功路径走到了今天。今天的 TCL 又从开发越南市场的成功经验中吸取了国际市场的营销经验，虽然还没有尝试过在发达国家进行市场营销，但它坚信应自行走有 TCL 特色的国际化市场营销之路，利用全球彩电产业技术升级换代和产业大重组的机会，在为重组付出巨额资金的代价下，通过兼并国外企业的手段，跨越式地整合发达国家市场的营销体系和成熟渠道。后来的联想也如出一辙。这样做既可以规避欧美市场的反倾销和知识产权保护等令人头疼的事情，又可以相对缩短在发达国家建立渠道的风险历程。但是，营销体系和区域渠道的建立需要考虑人员因素和文化因素，而这些虚拟、可变动的因素，如果在整合过程中得不偿失，最容易引起营销震荡，甚至会出现区域市场的"夹生饭"问题。事实上，即使在国内市场的开发过程中，也有许多区域市场是在经历了多次反复和在多年执着后才确立品牌在该市场的优势地位的，如 TCL 的东北市场和华东市场。因此，基于高度企业文化和事业价值观认同的营销人才团队才是渠道建设的关键。TCL 决策层显然看到了这一点，但急促上马作战的紧迫性，未免会出现"萝卜多了不洗泥"的现象，也有可能造成合资企业在欧美区域的人员冲突现象，这些都是让人忧虑的变数。自 2003 年发布"龙虎计划"以来，TCL 的国际化进程明显"提速"。随着集团整体上市、TTE（TCL 与汤姆逊的合资企业）与 TAMP（TCL 与法国阿尔卡特合资的 TCL 阿尔卡特移动电话有限公司）正式投入运营及其他新业务的开展，国际化人才的巨大缺口已经成为 TCL 发展的瓶颈。对于以营销著称的 TCL 来说，如何消化、驾驭新的合资机构，在大量吸收产品、品牌、渠道后如何进行整合，尤其是如何实现 18 个月扭亏为盈的营运目标，且如何在如此短的时间内进行彩电和手机的分兵作战、双线出击等势必成为引起多方注意的问题。TCL 过去由于手机业务在国内市场的喜人表现，彩电走的是"独木桥"国际战略，可能会有惊无险，而现在手机在国内市场非常不景气，TCL 的国际化战略已变成了"走钢丝"的模式，这更让那些关心民族品牌国际化进程的人士捏了一把汗。

中国市场并不缺乏本土化人才，而中国企业一旦走向国际，若缺乏熟悉所在地文化的国际人才，则势必会对国际化发展形成掣肘。这一点，TCL 的管理层看得非常清楚。在 2004 年 6 月份的招聘中，TCL 旗帜鲜明地以"国际化背景"为首要条件，不仅在国内招兵买马，还在美国设场招聘，突出表现了 TCL 国际人才战略的"本土化"新特色。另外，TCL 在对外兼并重组的过程中，如何实现"国内军团"和"多国军团"的磨合，也是大家非常关注的问题。所以 TCL 在国际化营销变革管理进程中，必然会面临阶段性的"营销滞涨"问题。而对国际化运筹帷幄的营销帅才和深知市场"水性"的区域市场将才是可遇不可求的，这需要经历一个艰苦市场拼杀实践的历程。

（四）管理工具的运用

奥克斯集团经过13年的高速发展，在产品线、品牌等方面已经形成一个大体系，它已成为我国电力行业和家电行业具有较强竞争力的大型企业集团。但随着产品高成长企业达到一定的规模后，由于组织、流程、信息化和绩效考核等基础管理方面的滞后，"营销滞涨"的问题就出现了，而且越来越棘手。内部管理问题的日益显现，使奥克斯高层领导认识到：要把事业做大做强，管理工具也要与时俱进。

高达80%的国内企业应用企业资源计划（ERP）以失败告终，但是奥克斯却将ERP真正做成了"一把手"工程。其总裁郑坚江亲自参与了项目的选型、调研全过程，并将"一把手"工程的实施延伸到公司的总经理、部门经理，让每一个领导的责、权、利均与信息化工作挂钩。奥克斯还颁布《总裁令》赋予ERP项目经理以特权，调派关键业务人员全职参与ERP项目的调研、设计及实施，任何与ERP项目有冲突的工作都必须为ERP让路，让每一位员工都认识到ERP项目对企业发展的重要性。另外，与对软件供应商言听计从的"盲从型"企业不同的是，奥克斯变被动为主动，要求软件开发商紧跟企业的需求搞开发，从而确保所有模块和软件都具备极强的可操作性，能够切实应用于企业的管理中。

在相对成功地实施了ERP后，奥克斯的营销结构有了一定的改善，原先的一些冲突和矛盾获得了不同程度的调整。对管理工具（当然不仅是ERP）的及时运用和掌握，也是突破营销滞涨问题的一条途径。

对于产品线而言，笔者觉得复杂的产品线不一定是一个优势。对如何处理复杂的产品线问题，我们总结出了一些可资借鉴的规则。

①改进成本核算体系，将没有竞争力的产品淘汰掉。

②将资源分配给市场的胜利者，也就是有价值的产品。

③研究消费者行为。

④运用产品线的逻辑测试。

⑤协调每个产品线的市场营销活动。

⑥与销售渠道的伙伴合作。

⑦预见产品线的转变。

⑧管理好产品的削减。

集中产品线（不是延伸产品线）可以扩大市场份额和利润，将经营系统和消费者的需求结合起来，有益于实现重复购买，这样企业就可以投资于对消费者来说真正有价值的产品。这些规则对由于产品线而面临"营销滞涨"的企业有一定的借鉴意义和参考意义。

对于"品牌滞涨"的问题，笔者觉得关键是企业要清楚是什么决定了一个品牌的盈利能力这一问题。只要弄明白这一问题，企业就可以理出一个走出"品牌滞涨"困境的思路。有一个标准可以作为分析参考，就是可以将品牌分为高路品牌（回报率在20%以上）、搭便车品牌（回报率在 15% ～ 20% 之间）、低路品牌（回报率在 5% ～ 15% 之间）和绝路品牌（回报率小于 5%）。按照这个标准进行核算，我们就可以将复杂的品牌体系相对简单化，解决"品牌滞涨"问题。

对于营销组织的"滞涨"问题，可以按照对人才的一般标准，能用则用，不能用则"杯酒释兵权"，很多企业对此都一些有益的经验。

而对于渠道变革问题，企业应该遵循几条原则：第一，要理解未来渠道的发展趋势，按照营销变革管理理论的逻辑——"趋势"决定"规则"，所以掌握未来渠道变革的主流趋势，才是未雨绸缪的先见之明；第二，渠道体系布局的平衡要与企业营销战略相适应，而渠道的效率和增值的平衡应该在日常营销管理工作中处于一个十分重要的地位。

总之，营销变革管理理论中有关"规则"要素的研究是我们恒久的动力，要真正解决企业营销体系在发展中出现的"营销滞涨"市场营销综合征，必须实施以战略为导向的营销变革管理工程。在营销体系各要素的功能梳理和创新的平衡问题上，必须对市场环境中的"趋势"要素进行洞察和探究，在掌握"规则"要素的规律上有所突破，在理解"规则"与营销体系"结构"整合的平衡上有所突破，挖掘和激发企业营销变革管理的"领导"能力，实现以"价值"为基础的市场"增长"目标。企业必须在复杂的市场竞争中建立自己不可被模仿的营销体系持续竞争力，找到自己的坐标。只有如此，企业在长期的市场博弈中才能实现可持续成长的战略目标。

第二章 营销创新模式

创新能力具有综合独特性和结构优化性等特征。实践是形成创新能力的唯一途径，也是检验创新能力水平和创新活动成果的尺度和标准。创新能力是当今经济环境下组织发展的重要力量，组织在知识经济时代要提升核心竞争力，就必须大力开展营销创新。

第一节 营销创新模式研究现状

创新能力指人在顺利完成以原有知识经验为基础的创建新事物的活动中表现出来的潜在心理品质。创新能力是当今经济环境下组织发展的重要力量，其中营销创新是核心要素之一。当前，国内企业仍然走以跟随为主的营销道路，营销模式相对单一，不能满足多元化市场的需求，这势必使企业在激烈的市场竞争中处于劣势。因此，对营销创新模式进行分析具有重要的现实意义。

一、国外营销创新模式理论研究

什么是创新？简单地说，就是利用已存在的自然资源或社会要素创造新的矛盾共同体的人类行为。进入 21 世纪，国内外的营销模式发生了极大的变化，如何适应这些变化成为所有企业面临的紧迫问题。国外一些企业已经对这些营销模式的变化有了非常广泛和深入的研究，并形成了一定的理论体系。

（一）营销创新的理论来源

1. 营销和创新

"营销"和"创新"是营销创新的理论来源。营销创新是由"创新"的概念发展起来的。人们对营销创新问题的研究虽然始于 20 世纪 80 年代，但到目前为止，国外主要注重实践方面，还没有真正形成系统的理论。

2. 创新是改变资源的产出

"创新"是一个经济术语或社会术语，而非科技术语。创新即改变资源的产出，或者我们可以按照现代经济学家的观点，用需求术语而非供给术语对它加以定义：创新就是通过改变产品和服务，为客户提供价值和满意度。

（二）熊彼特的"创造性破坏"

"创新"的概念出自美籍奥地利经济学家约瑟夫·熊彼特（1883—1950）在1912年出版的《经济发展概论》一书。熊彼特在其著作中提出，创新是指把一种新的生产要素和生产条件的"新结合"引入生产体系。熊彼特的"创新"概念包含的范围很广，如涉及技术性变化的创新及非技术性变化的组织创新。同时，熊彼特对企业家的研究很有影响力，他发展了马歇尔的理论，指出企业家就是"经济发展的带头人"，也是能够"实现生产要素的重新组合"的创新者。

1. 创新的类型

创新的类型有：①采用一种新产品或一种新产品的新特性；②采用一种新的生产方法；③开辟一个新的市场，使产品进入一个以前不曾进入的市场，不管这个市场以前是否存在；④掠取或控制原材料或制成品的一种新的供应源；⑤实现新的工业组织形式，如建立垄断地位或者打破一种垄断。

2. 创造性地打破市场均衡

熊彼特将企业家视为创新的主体，其作用在于创造性地破坏市场的均衡（熊彼特称之为"创造性破坏"）。他认为，动态失衡是健康经济的"常态"，而非古典经济学家所主张的均衡和资源的最佳配置，企业家正是这一创新过程的组织者。通过创造性地打破市场均衡，才会出现企业家获取超额利润的机会。

3. 企业家的创新性

熊彼特首次突出企业家的创新性，但是他认为企业家对于一个人来说是一种很不稳定的状态。一个人由于"实现新的组合"而成为企业家，"而当他一旦建立起企业，并像其他人一样开始经营这个企业时，这一特征就马上消失"。因此，企业家是一种稍纵即逝的状态。按照他的定义，一个人在他几十年的活动生涯中不可能总是企业家，除非他不断"实现新的组合"，即不断创新。简而言之，创新是判断一个人是企业家的唯一标准。

4. 依靠创新的竞争实现目标

"创造性破坏"是熊彼特著名的观点，这是其企业家理论和经济周期理论的基础。在熊彼特看来，"创造性破坏"是资本主义的本质性事实，重要的是研究资本主义如何创造并进而破坏经济结构，而这种结构的创造和破坏主要不是通过价格竞争而是依靠创新竞争实现的。每一次大规模的创新都淘汰旧的技术和生产体系，并建立新的生产体系。

如今，全球经济所破坏和创造的巨大价值完美地印证了这一前瞻性理论。可以说，创造性破坏的力量还在不断增强，其已成为主流经济论述中的重要核心概念。

（三）德鲁克的营销和创新

美国管理学家彼得·德鲁克（1909—2005）是现代管理学的奠基人和目标管理的创建者，他在市场、创新、变革、战略、知识管理上也有自己的真知灼见，诸多管理者和企业家从中受益。尤其在面对变幻莫测的市场和全球化竞争的困惑时，我们总能从他的理论中得到新的启示。

1. 企业的主要功能——营销和创新

德鲁克认为，企业的主要功能是营销和创新。营销是企业经营的关键环节，是企业发展的核心命脉。在经济全球化和市场竞争国际化的今天，企业只有在制定营销战略，科学化营销管理，创建品牌、渠道终端，打造营销团队上进行变革与创新，从营销战略、战术到整个营销模式进行系统的变革与升级，谋定而动，才能出奇制胜，挺立潮头。

2. 技术创新和社会创新

德鲁克指出，由于企业经营的目的在于创造客户，因此他将创新分为两类：技术创新和社会创新。技术创新是指采用新机器和新程序；而社会创新是指采用营销新方法和新的管理方式，改变定价策略。

3. 创新要转化为行动

创新如果停留在观念、思想和制度上，没有转化为行动和结果，就没有任何价值和意义。德鲁克有一句名言："好的公司满足需求，伟大的公司创造市场。"创造新的市场需求，需要在充分尊重并考虑消费者本能的基础上发挥创新思维。

4. 社会价值是创新的重要特征

德鲁克为营销创新的研究开启了方向，他对营销创新做了进一步阐述，主张对于"创新"可以从供给和需求两方面来定义。从供给的角度来说，创新是改变厂商资源的输出；而从需求的角度来说，创新则是改变资源所给予消费者的价值和满足。可以看出，德鲁克将社会价值作为创新的重要特征。这种价值从营销的角度来看，就是创新应为企业与消费者双方带来利益。

二、现代营销创新实践

随着市场从卖方到买方的转变，西方发达国家出现了与之相适应的一系列现代创新营销模式：全球营销、知识营销、绿色营销、服务营销等。现在，一些优秀企业都投入了大量的资源开展营销创新实践。

（一）营销观念创新

1. 全球营销观念

企业要进行营销创新，必须树立全球营销观念，把企业营销从局部市场、国内市场放到全球市场中去认识，把企业的产品开发、制造、营销、服务等营销策略整体地放在全球视野中去认识，使企业能在全球产业链的某一环中找到适合自己的位置，才能有效地分享国际市场份额，在经济全球化的浪潮中得以生存与发展。

2. 知识营销观念

当今人类已进入知识经济时代，知识经济的重要特点在于它不是以物质产品为商品，而是以知识的传播、增值、使用作为商品的，它将改变传统工业经济时代的营销模式和竞争策略。为了适应知识经济的发展和加入 WTO 后的国际环境，我国企业必须看到，知识在市场竞争、消费需求和科技创新各领域无处不在而且起着决定作用，必须树立知识营销观念，突出知识在企业营销中的主体地位。

3. 绿色营销观念

建立一个可持续发展的社会成为 21 世纪全球社会变革的一个重要主题，人们越来越关注人与自然共同发展的问题。当今国际市场上，安全无污染、保护环境的产品和服务已成为全球消费的热点。有资料显示，大约有 50% 的法国人、80% 的德国人，在超级市场购物时，都愿意购买环保产品。而在美国，十年前的调查报告就表明，有 77% 的人认为企业的环保信誉会影响其购买决策。在日本则有超过 90% 的消费者对绿色食品感兴趣。与此同时，各国政府也更加注重把贸易与环境问题结合起来制定相关政策，构筑"绿色壁垒"。因此，绿色营销作为顺应绿色革命浪潮的营销观念已成为世界各国企业实施市场营销策略的必然选择。

4. 服务营销观念

在现代科技、经济环境下，市场竞争从内容到方式都发生了质的变化，传统竞争中的产品及营销策略已很难成为决定企业竞争能力的主要因素，企业之间的竞争已从产品本身的竞争扩展到产品形体所能提供的附加利益的竞争，从围绕着产品、价格的传统竞争走向现代的服务竞争。

企业必须树立服务营销观念，从单纯依靠"硬性"有形产品争取顾客、占领市场转变为靠"软性"服务竞争取胜。

（二）营销管理创新

1. 加强企业的战略管理

我国加入 WTO 后，国外企业进军中国市场的战略步伐明显加快，它们凭着雄厚的资本、先进的生产技术、较强的管理能力以及多样化的营销方式抢占滩头。面对这种局势，我国企业仅靠单纯的市场营销手段、产品质量、为顾客服务、价格改进等，是无法应对国际市场竞争的。因此，我国企业必须进行战略管理的创新，保持与强化核心竞争力和可持续发展的竞争优势，从更高层面上参与国际市场竞争。

企业营销战略要由被动的"适应型"向主动的"应变型"战略转变。随着企业外部环境变革越来越快，企业经营的未来不确定性增加了，因而企业不能再仅仅是被动地适应环境，而是要通过战略调整主动地适应环境，甚至改造环境。

2. 以客户为中心的营销管理

工业时代市场竞争的焦点是产品和价格，竞争优势来自降低生产成本、提高劳动效率。但进入 21 世纪后，科技的发展、经济全球一体化使得企业竞争的焦点变为对客户的追求。因此，面对我国加入 WTO 后的激烈市场竞争，企业营销管理必须从产品导向转向以客户为中心，全方位满足客户需要；从注重业务量的增长转向质的管理；从降低成本、提高效率转向开拓业务，提高客户忠诚度。

第二节 营销创新原则与能力

市场发展到一定程度，资本越来越集中，竞争也必然越来越残酷。尤其在中国，消费增长比投资增长慢，必然会导致生产过剩的时代提前到来，红海战略描述的就是在这种环境下竞争的企业战略，其主要特点就是"血腥"。资本集中导致产品技术竞争的差异化程度越来越小，营销创新就成了许多企业的救命稻草。下面将具体阐述营销创新原则与能力。

一、营销创新原则

过去的几年，可以说我国企业营销创新得到了很大的发展，渠道创新、概念营销等都让人耳目一新，但这些凝聚了许多营销人心血的创新好像流行音乐一样，来得快，去得也快。如果我们要深层理解营销创新，就要把营销创新当成一种战略。

（一）取之不竭的源泉——渠道

无论是眼下流行的终端制胜论还是大批发萎缩论，企业的营销是绝对不能没有渠道的。渠道是企业营销创新取之不竭的源泉。在现实生活中，我们经常会看到很多企业通过渠道变革来达到营销创新的目的，并且取得了空前的成功。

以"维多利亚的秘密"（Victoria's Secret，VS）为例，这个风靡全球的美国内衣品牌，制造了每分钟销售 600 件内衣的神话，其营销的"三重渠道"功不可没。

1. 实体店——闺房营销

在传统营销渠道上，2006 年，VS 在全美拥有 1001 家门店，净销售收入达 31 亿美金，平均门店占地面积为 4693 平方英尺（1 平方英尺 ≈ 0.093 平方米）。为了走在时尚尖端，每隔五六年，所有的店面都会进行全面的重装修，VS 根据不同风格的内衣打造不同的"梦幻区域"。

一个保守的中产阶级新贵是不会把私密的文胸、胸衣和底裤直接放到公众视线里的，所以 VS 的门店风格定位是"闺房"。VS 只是在全国数量有限的门店中经营，用粉红色的基调和优雅的布置把内衣的购买、销售空间，转变为一个兼具开放性和私密性的空间。

33

2. 直邮——邮购的奇迹

当美国的信用卡付款制度和支票收支方式渐趋完善时，VS 开始推广一年八次的直邮寄送和购买系统。为了便于客户了解产品，VS 会印发精美的刊物目录。在这种模式中，从详细目录的定制、促销活动的设计、邮寄配送的谈判、支付系统的保密性，到售后服务的退换货问题，VS 都一一把关，除了尽力保证尺码为标准码之外，还推出了寄送退货免邮费的方式。VS 直销业务最鼎盛时，每年仅发放产品目录表就超过 3.6 亿份，还曾因此受到环保组织的批评。

3. 网店——网络时代的公开"秘密"

为了应对产品线单品众多的状况，VS 建立了属于自己的网站，同时把直邮购物的精美刊物全部电子化，做成网络销售的快速通道，让由直邮购物建立起来的销售库可以顺应网络订购的发展。这样一来，之前由直邮购物建立起来的销售库就可以借助网络订购更加顺应新的发展，也使人们订购产品更加方便和快捷。

（二）提升营销创新的高度——战略

企业不要把营销当作渡过难关的战术，而要把营销创新提升到战略的高度。很多国外专家都评价说中国的民族企业最终不能担当大任，除了企业整体战略缺失，还有营销创新战略的缺失。

"内行看门道，外行看热闹"，别看国内许多企业在营销上搞得有形有色，但细看却发现基本上没有几个能够把自己的营销创新坚持下来并发扬光大的。一旦营销掌门人换掉，企业的营销创新就又换了一种思路，最终受损的是企业。如果企业能够把营销创新当作一种战略，这种尴尬的局面就不会出现，企业也就不会因为换人而换思路了。

（三）企业良好形象的代表——服务

服务是指为他人做事，并使他人从中受益的一种有偿或无偿的活动，它不以实物形式而以提供劳动的形式满足他人某种特殊的需要。服务是一种意识、态度、素质，焦点在于为他人着想。例如，当海尔集团宣布自己的服务营销战略时，曾经有很多企业跟进，其中就有家电行业的长虹美菱股份有限公司。服务人员去用户家里服务，必须随身带着红地毯，以避免弄脏用户的地板，这就是轰动一时的"红地毯"服务。海尔集团成功的基本因素之一就是通过工作人员热情、周到的服务为企业树立了良好的形象。

二、企业营销创新能力

一般认为，企业营销能力是企业把握、适应、影响、完成市场营销活动，追求企业利益最大化的经营能力。它包括市场调查研究能力和销售能力。然而，企业营销创新能力作为增强营销能力的主要动力来源，也应归属于企业营销能力，成为其重要组成部分。

（一）企业营销创新能力的界定

创新是市场营销的一个恒久课题。市场上，企业的营销手段不断地推陈出新。

1. 营销创新的产生

很多企业已经认识到营销创新对企业的重要意义，企业内部的会议、培训都强调员工的创新思维，招聘新员工时也力求吸收一些具有较强创造力的员工。然而，企业所重视的也不过是个体的创新能力，或是看重一些具有创新性但也是昙花般一闪而过的智慧。

企业要想在竞争中立于不败之地，必须有先人一步的差异化竞争优势，而这样的优势是靠营销创新得来的，但不是个体的，而是整个企业组织的营销创新。这就要求企业必须有营销创新的能力。那么如何使企业具有营销创新的能力呢？还是先从创新产生的原因来讨论这个问题。

①效用的"边际递减规律"。关于创新的产生原因，西方经济学家给出的答案是"效用"。效用在西方经济学中指商品满足人的欲望的能力。同时，西方经济学家总结出了效用的"边际递减规律"，其内容为："在一定的时间内，在其他商品的消费数量保持不变的条件下，随着消费者对某种商品消费数量的增加，消费者从该商品连续增加的每消费单位中所得到的效用增量，即边际效用是递减的。"也就是说，当一种需求得到满足后，这种需求的重要程度随之降低，并且要达到与过去同样的满足程度变得越来越难。

②潜在需求转化为现实需求。根据马斯洛的需求层次理论，另一种更高层次的需求早已孕育，只要技术条件和市场条件成熟，这种需求就会由潜在状态转化为现实状态，即潜在需求转化为现实需求，从而形成一个新的市场。这是西方经济学家给出的创新如何产生的答案。

③企业充当"弥补天地万物缺陷"的角色。中国传统思想认为天地万物都是有缺陷的，人类若要在其中生存，就要弥补天地万物的种种缺陷来满足自己，以求更好地生存，如地球上有昼夜现象，人类晚上看不清物体，就发明了电灯；人类嫌自己的视力有限，就发明了望远镜；人类嫌大脑的计算速度不够快，就发明了电脑来弥补缺陷等。

当今社会，企业就是充当"弥补天地万物缺陷"的角色，要弥补不足就需要不断地创新。从这个角度看，创新是企业不可推卸的社会责任。

2. 营销创新的本质

营销创新的本质就是建立在技术、生产、服务、观念创新之上，创造一个能够适应并快速而有效地处理市场需求，并且能够有效地解决生产与需求之间交流障碍的动态服务模式。创造这样的模式不能依靠个人的智慧，而是要求企业组织整体具有可持续的营销创新能力。

3. 营销创新能力的定义

对于营销创新能力，我们界定为：企业具有的对消化吸收的营销知识、理念、手段进行再加工，从而创造需求、引导消费、营造市场、促进企业内外交互、实现预期目标的创新性能力。它是企业营销能力的核心要素，是提升企业营销能力的动力源泉。

（二）培养营销创新能力

企业培养营销创新能力需要三个基本创新能力，即营销战略思维创新能力、营销战术思维创新能力、发现客户价值的能力。

营销战略思维创新能力、营销战术思维创新能力是分别从宏观角度和微观角度来说的，战术是战略的细化，而企业的营销战略和营销战术是以对客户价值的敏感觉察为基础的，客户的价值又在实践中检验企业的营销战略和营销战术是否正确。三者是有机地结合在一起的，因此企业在培养营销创新能力时，要从以上三个方面进行能力的培养。

目前中国企业的创新，主要集中在终端市场的竞争，竞争的发力点也主要是竞争要素和竞争方式。忽略和轻视营销战略思维创新、营销战术创新和客户的价值，企业发展就会缺乏后劲。

企业在培养以上"三个能力"时要基于客户价值提出自己的营销战略，有自己的营销主张、营销模式，形成自己独有的具有战略意义的核心专长和核心技能，形成企业营销长期、持续的差异化能力。企业要基于客户价值形成战术，如快速响应客户需求，有效满足客户需求，减少客户接受服务的成本，帮助客户获得价值，帮助客户承担风险，增加客户的价值体验等。无论是资源整合创新，还是营销概念创新，以及其他的营销创新方式，都要以"三个能力"为基点。

（三）提升营销创新能力

提升企业营销创新能力对企业营销创新战略至关重要，这也恰恰是我国许多企业所欠缺和忽略的方面。我们从企业营销创新战略的高度，基于营销能力的积累和激活，以及营销创新模式的角度，建立了提升营销创新能力的机制。

1. 营销能力的积累和激活

营销知识的积累过程是营销创新的知识储备库。

①企业应该从战略上认识到营销能力积累对提升企业竞争力的作用。

②营销能力的积累和激活是一个持续的过程，它贯穿于企业营销活动的整个生命周期，其核心是在实践中进行积累，进而寻求最适合企业的营销方式。

③注意营销组织、营销人员、营销模式以及营销理论四大营销知识要素与营销创新能力之间的相互作用，同时还要注意营销创新能力与企业其他创新能力之间的协调关系。

2. 营销创新模式

营销创新的最终目的在于更好地推广市场，获得更人的市场占有率，因此营销模式是手段，也是关键。企业营销创新模式主要有以下三种。

①自主创新。自主创新指通过拥有自主知识产权的独特核心技术实现新产品价值的过程。自主创新包括原始创新、集成创新和引进技术再创新。自主创新的成果一般体现为新

的科学发现以及拥有自主知识产权的技术、产品和品牌等。

②合作创新。合作创新如同联姻，不存在某种静态的"最佳模式"。起始环节的控制权分配与过程中的控制都极为重要，企业应尽量与合作者增进信任，根据现实中的信任关系及其在合作过程中的变化，对控制方式做出合理选择和动态调整，在信任与控制之间寻求平衡。

③模仿创新。模仿创新即通过模仿而进行的创新活动，具体包括两种方式：第一种是完全模仿创新，即对市场上现有产品的仿制；第二种是模仿后再创新，指对率先进入市场的产品进行再创造，也即在引入他人技术后，经过消化吸收，不仅达到被模仿产品的技术水平，而且通过创新超过其技术水平。

（四）构建营销创新能力

具有营销创新能力的企业应该完善企业的以下"三大机制"。

1. 营销创新效益控制机制

企业的营销创新很可能是企业不顾一切地往前冲，只看到了销售量高涨的虚假业绩，却没有注意到创新带来的销售费用疯长、机构膨胀、现金流紧张、资源透支等负面的影响，在与竞争对手的竞争中往往出现"歼敌三千，自损八百"的情况。

企业是一个有机的整体，其发展速度受企业实际情况的限制，因此企业的营销创新要注意这一点，建立并完善营销创新的效益控制机制，以保持成本的合理性、资源利用的合理性和营销组织的合理性。

2. 团队协同创新机制

企业的营销创新要形成团队创新的习惯，依靠集体的智慧与力量进行营销创新。这样不仅会增强企业的内聚力，还会减少企业营销创新的机会导向，增强企业营销创新的领导力和执行力，最终使企业的创新更易于具有战略意义。

3. 营销创新渐进机制

营销创新渐进机制是指企业营销创新活动应该融于企业的日常运作当中，建立企业内部的信息共享平台，用于传递、积累营销管理知识和经验，使企业每一次小的营销创新都能够得到保护并实现在企业内部的传播，积少成多，进行量变的积累，在条件成熟后实现企业营销创新质的飞跃。这样能降低企业每一次创新活动的风险与成本，而且更容易促进创新活动的开展，使企业始终保持活力。

在新的经济环境和时代环境里，仅仅企业具有创新意识是不够的，仅仅个人有创新能力也是不够的，必须使企业组织整体具有营销创新能力。

第三节　营销创新模式分类解读

营销创新模式的目的在于改变消费者的认知和行为，其根本目的是让消费者对产品或服务产生充分的信任和信心，从而激励他们去购买，最终为企业带来利润。面对日趋成熟的市场，营销创新模式必须符合企业实际，单纯盲目的创新很难有实际收效。营销创新模式分为营销自主创新模式、营销合作创新模式和营销模仿创新模式。

一、营销自主创新模式

企业组织是社会经济大系统中的一个子系统，企业营销目标的实现会受到很多外在因素的影响，是一个与消费者、竞争者、供应商、分销商、政府机构和社会组织发生互动作用的过程。企业组织必须重视市场营销，以现代营销方式来开拓市场，参与国际竞争。营销自主创新是指企业以自身的研究开发为基础，实现营销能力的提升以及营销模式的创新。

（一）营销自主创新模式创建过程

营销自主创新模式具有较强的率先性，初期率先者都处于完全独占性垄断地位，能获得超额利润；而后期追随者要经过一段时间的市场适应才能进入营销创新成果领域。但是同时营销自主创新又需要很高的技术条件和资源投入，且风险性大，以下为营销自主创新模式创建过程。

1. 剖析内部营销现状

内部营销通过创造满足员工需要的工作来吸引、发展、激励和保持高质量的员工，是将员工当作顾客的哲学，是一种使工作符合员工需要的战略。

内部营销是一种把员工当作消费者来取悦的哲学。企业进行内部营销的最终目的是使外部的顾客对企业感到满意，并且不断地购买企业的产品和服务，最终提升企业的市场竞争力。内部营销是以经营企业的人力资源为出发点和手段来有效达到使"顾客满意"这一营销的核心目的，是由内而外实施的一种市场营销战略。

2. 确定"创新域"

创新是社会与经济发展的永恒动力，从社会的角度来说，企业间创新的合作有利于资源的整合，增加社会整体福利。但由于受交易成本、信息及企业行为博弈等因素的影响，企业间的创新合作往往不尽如人意。

实践证明，由企业的地域相近性形成的"创新域"是一条可行的改善途径。企业组织可以把创新、空间因素与企业行为三者结合起来，通过对"创新域"内企业创新合作行为的分析，能够从企业行为的角度来解释创新的空间集聚现象。

3. 建立创新集群

创新集群是一个系统。在这个系统中，各要素构成，以及各要素之间正式、非正式的连接构成了创新系统的网络体系，它们影响集群的技术创新。在这个网络系统中，创新优势来源于系统合作，高位势企业的技术创新能力决定集群在产业链中的位置，环境和制度是激励创新的动力。

4. 创新可行性分析

营销分析在可行性研究中的重要地位在于，任何一个项目，其生产规模的确定、技术的选择、投资估算甚至厂址的选择，都必须在对市场需求情况有了充分了解之后才能解决。而且，市场分析的结果还可以决定产品的价格、销售收入，最终影响项目的盈利性和社会性。

要创造新的营销机制，就要制定激励消费的最佳可行性方案。创新营销能够有效地拉动消费，并集中市场资金，进行资本运作，创造新的利润，使企业达到扩大市场的目的。

5. 自主研究开发

企业自主确立的研究开发项目是指不重复的，具有明确的开始和结束时间、财务安排和人员配置的研究开发活动。企业自主确立的研究开发项目认定工作总体遵循以下原则。

①需求牵引，重点扶持。围绕国家支持的高新技术领域及产品，重点支持对促进地方经济社会发展、完善或延伸产业链、培育新兴产业和提升企业核心竞争力等方面具有实际意义的研究开发活动。

②突出主体，促进合作。通过政策支持，推动企业自主创新能力的提升，鼓励企业、高等院校和研究机构之间的合作创新。

③统筹协调，联合推进。充分发挥政府部门、企业、专家和科技中介机构等各方面的作用，实行整体协调、资源集成、紧密协作、联合推进的工作体系。

④权责明确，规范管理。实行各方面权责明确、各负其责，以及决策、咨询、实施、监督相互独立、相互制约的管理机制。

6. 营销实践总结

任何一个成功的商业案例，都有共同的特质：诚信、高质产品和优质服务。

①无论哪个行业，企业都应该将诚实守信视为企业成功的第一生命要素，并把这一要素贯穿于产销与服务的各个环节。

②产销第一要素是出高质量的产品。这个高质量的产品要求生产商在设计产品细节上精雕细琢，独具匠心，每一处细节都传达出产品"以人为本"的生产理念和文化品位。

③应把服务看成企业文化的外在表现和综合竞争力的体现。记得诗人徐志摩有一首诗叫《沙扬娜拉一首——赠日本女郎》，其中有一句为"最是那一低头的温柔，像一朵水莲花不胜凉风的娇羞"，其实企业的服务应该达到诗人那种细致入微的境界，或许那是非常理想的状况，实现起来很难，但企业应该不断努力，向着这个目标一步步迈进，完善服务

体系，提供全程跟踪服务，全面进行客户渗透。

7. 提倡渐进创新

人们对创新概念的理解最早主要是从技术与经济相结合的角度，探讨技术创新在经济发展过程中的作用，主要代表人物是现代创新理论的提出者约瑟夫·熊彼特，其独具特色的创新理论奠定了他在经济思想发展史研究领域的独特地位，也成为他经济思想发展史研究的主要成就。

①重大创新和改良型创新。重大创新的创新程度高，而改良型创新的创新程度较低，是渐进创新，不会引起市场或产业的急剧变动，但只要不断积累，由量变引起质变，仍然可能引起巨大的变革。

②渐进创新。渐进创新在某个时点的创新成果并不明显，但它有巨大的累积性效果。渐进创新在规模经济和范围经济显著的行业有巨大的战略价值。

发达国家企业创新能力的提高也是渐进的，大量的创新也是改良型的。发展中国家企业渐进创新过程的学习特点更强，对各种形式的模仿和学习是其渐进创新成功的关键。

③中国企业需要渐进创新。渐进创新是在他人成果基础上的创新，有参照系，有后发优势。中国企业提倡渐进创新的原因为：中国企业首先要学会的是真正迅速发现、理解国外的先进技术、先进经验，而后是结合国情为我所用。企业文化的基本理念应与企业实际状况、企业组织和战略相适应，企业文化体现渐进创新的思想是应用主义。渐进创新既应该成为企业文化中战略理念的内容，也应当成为日常理念的内容。下面以联想集团为例进行介绍。

联想集团成立于1984年11月，它从投资20万元的小企业发展到集团，收入超过200亿元，成为中国计算机公司的佼佼者，仅用了15年时间。联想集团重视渐进创新突出体现在领导层、骨干层的基本理念上，如联想集团的"1、3、5"思想。

"1"指"一条产业化道路"，即"贸工技"的发展道路。联想集团认为，中国高科技企业同世界先进企业的差距主要在于对市场和销售规律的掌握方面，因此企业应从学习经销入手，确立市场优势，再进入生产领域，掌握大工业生产的规律，最后进入高科技阶段，逐步逼近世界先进水平。

"3"即"管理三要素"。具体内容是搭班子、定战略和带队伍。这是联想集团管理文化的精髓。

"5"指的是"五条战略路线"。它是指坚持在信息产业领域内多元化发展的战略路线：以中国市场为主开展业务，奠定工业基础，开展科研开发，加强公司在研发中的推进作用，开辟股市融资渠道。

联想电脑公司是联想集团重要的业务公司。公司总裁杨元庆经常强调的是"每一年，每一天，我们都在进步"，强调"90%的继承，10%的创新"。

（二）自主创新理念的品牌营销

企业创新成功就能取得竞争优势，而保持企业竞争优势的唯一途径就是持续创新。自主创新能力是企业的核心竞争力之一，也是若干核心竞争力中的"核心"所在。中国企业自主创新的成功营销模式研究涉及以下几个方面。

1. 中国企业品牌营销面临的问题

随着中国经济的不断发展和多元化，顾客的偏好和行为将不可避免地发生变化，在较富裕的城市，顾客的品牌偏好意识已经接近美国的水平。国外品牌已经紧紧抓住了年轻人的心，像索尼、肯德基、耐克和李维斯等就成了那些有一定支付能力的人的首选。现在中国企业品牌营销面对的问题包括以下几个方面。

①品牌。引起顾客品牌偏好的关键并不只是大规模的促销，而是在企业核心顾客群中建立对企业所承诺的品牌价值的信任感。中国国产品牌面临的最大挑战是如何从依靠大规模的广告和促销建立品牌意识，转变为通过战略性的步骤让目标顾客感觉到的品牌价值。中国的国产品牌中，只有那些深谙市场细分之道及针对目标细分市场树立品牌形象的企业，才能在与老练的国际品牌强者的角逐中立于不败之地。

②通路。广泛的产品生产线和当地生产的能力，以及建立起来的全国性品牌，都能有力地支持企业庞大的分销系统，特别是其产品线，通过对每个主要区域及城市提供有效成本且有针对性的产品而支持了其在分销上的投入。同时，高端渠道和形象继续在市场中延伸，企业将在长期运营中受益，并且其分销渠道也会逐步建立起来。

③战略。有步骤地在品牌领域进行多元化投资来扩大生产线，这是企业作为制造者和品牌建设者成功地进行资本积累的一种方式。还有一种趋势是全世界的领先品牌正日益转向采用另外一种可行的战略，即通过将生产外包而集中精力运作品牌来获取利润。制造商一般通过大众化的平价零售商店来出售过剩的产品。

④产品。我国的企业一直在努力改变外界对"中国制造"所形成的"低质低价"印象。为了在国内市场上与外来品牌竞争并取得成功，在全球市场上靠品牌价值赢得市场份额，我国企业应努力使产品质量与国外产品相匹配。同时，通过降价可以赢得较多的低端市场份额，而采用新产品、新技术却可以赢得高端市场，这样可以创造品牌价值和能使企业长期受益的市场。

2. 名牌战略

中国企业实施名牌战略的必要性如下。

①中国经济融入经济全球化过程的需要。中国经济融入经济全球化过程是一个大趋势，中国加入 WTO 以后这个趋势加快，中国的对策是研究自己经济的特点，改变"制造大国、品牌小国"的形象。

②中国经济转变增长方式的需要。转变经济增长方式有两个途径：一是"硬资源"的节约利用和循环利用；二是"软资源"的利用。要更多地利用"软资源"去发展，就必须

更好的利用品牌。

③改变中国人"重制造、轻品牌"思想弱点的需要。中国人普遍认为制造是真本事，品牌无所谓。这个弱点集中表现在中国的汽车产业。

④地方经济发展的需要。地方经济的发展取决于当地经济的市场竞争力，市场竞争力的高低取决于经济有无特色，有特色的经济需要自主产业，自主产业一定要有龙头企业带领，而龙头企业表现为高档、名牌、技术高、规模大。所以，一个地方的经济最终取决于一个地方名牌企业的状况。

⑤企业参与市场竞争的需要。市场竞争很复杂，其可分为三层面：价格竞争、质量竞争、品牌竞争。我们现在要提倡质量竞争，再上一个层面就是品牌竞争。

3. 整合营销

整合营销反映出企业经营的整体水平，即企业面向内、外部开展的所有形态传播的整体化，它是一种对各种营销工具和手段的系统化结合，根据环境进行即时性的动态修正，以使交换双方在交互中实现价值增值的营销理念与方法。

①整合营销的内涵。整合营销是为了建立、维护、传播品牌以及加强客户关系，而对品牌进行的计划、实施和监督等一系列营销工作。整合就是把各个独立的营销工作综合成一个整体，以产生协同效应。这些独立的营销工作包括广告、直接营销、销售促进、人员推销、包装、事件、赞助和客户服务等。

②整合营销的主题。整合营销的主题即目标市场的针对性。企业应设定的目标为：对消费者的需求反应最优化，把精力浪费降至最低。这样才能得到理想的营销哲学：营销需要综合考虑更多目标消费者的点滴需求。

③价值的主题。综合营销应该与消费者本身有关，也就是需要全面地观察消费者。多角度地观察消费者将创造更多的机会，使得消费者不仅是"一次性购买"或重复购买同一商品，我们还要考虑到系统的"跨行销售"和"上游销售"。这个要素对于消费者行为的各个角度来说都是有效的。所以，营销需要综合考虑各个时间消费者行为的其他角度。

④整合营销中的沟通。整合营销要考虑如何与消费者沟通。消费者和品牌之间有更多的"联络点"或"接触点"，这不是单靠媒介宣传所能达到的。消费者在使用产品时对产品有更深的了解、打开包装见到产品时、拨打销售电话等都是一种沟通，消费者之间相互交谈也产生了"病毒传播"般的销售机会。下面以王老吉的成功为例进行介绍。

红罐王老吉成功的整合营销传播，给这个有悠久历史的带有浓厚岭南特色的产品带来了巨大的效益。2003年，红罐王老吉的销售额比上年同期增长了近4倍，由2002年的1亿多元猛增至6亿元，并以迅雷不及掩耳之势冲出广东；2004年，尽管企业不断扩大产能，但仍供不应求，订单如雪片般纷至沓来，全年销售额突破10亿元；2005年，再接再厉，全年销量稳过20亿元；2006年，加上盒装，销售额近40亿元；2007年，销售额则高达90亿元。

王老吉已形成了具有自身特色的全国性品牌。它将"凉茶"当作"饮料"卖，改变了传统观念，提炼出核心的卖点，"怕上火，喝王老吉"成为时尚与流行。它还结合此观念重新设计产品的包装，再借助影响力大的中国中央电视台提升了影响力和形象，营销创新获得了巨大的成功。

品牌营销是一种典型的营销自主创新，企业结合自身的产品特性及市场需求，自主研发适合企业及产品形象的品牌进行推广，能获得巨大的成效。

（三）自主创新理念的特色营销

中国本土化市场营销是一门正在形成和发展的学科，特别是在西方市场营销学者极力推行他们的各种营销理念之时，坚持中国本土化的市场营销就显得特别重要。西方的理论是否适合中国企业的实际需要呢？中国有句俗话："前进一步是先进，前进三步是先烈！"这就需要我们运用"拿来主义"的观点，结合中国现实的经济发展情况和企业所在行业的市场客观实际加以借鉴和创新。

1. 立足市场

适当超前策划正是对所有企划人员的基本要求。营销策划的根本目的是使企业以最小的宣传投入达到最大的经济产出，同时让消费者了解企业产品的优良品质，指导消费者花最少的钱买到物有所值或物超所值的产品，实现双赢。

2. 立足中国国情

企业要想取得较快发展，就必须立足中国国情，从具体情况出发，在经营理念、管理策略等方面汲取国外的先进经验，并融合提炼，形成具有鲜明中国特色的本土化营销策略。这种模式用理论概括起来就是以人为本的价值导向、有机弹性的组织机构、系统优化的管理方法、规范合理的管理制度。

3. 手段要标新立异

营销自主创新要求的就是手段要标新立异，同时又符合企业的实际环境且卓有成效。它需要我们动脑筋来突破营销瓶颈，实现持续良性发展，走自己独有的"特色营销之路"。这就是企业差异化经营定位、产品特色化选择、特色渠道的挖掘、招商模式的特色整合。下面以雪花啤酒为例进行介绍。

2006 年 5 月 16 日，在燕京等啤酒品牌如火如荼地开展奥运营销时，从未和奥运相关组织商谈赞助事宜的雪花啤酒对外高调宣布了其"非奥运"营销战略。其品牌价值主张是"啤酒爱好者，雪花支持你"，并在广告中让啤酒爱好者喊出"这比赛，有我们才行"的口号。雪花啤酒在这场奥运营销的潮流中没有亦步亦趋，而是另辟蹊径，将奥运会"重在参与"的精神，通过"啤酒爱好者合作伙伴"的方式予以体现，以此明显区别于竞争品牌"直接赞助奥运会"的营销手法，实现了自主创新营销模式的制胜之道，并取得了良好的效果。

二、营销合作创新模式

营销合作创新是指以两个或两个以上合作伙伴的共同利益为基础，以资源共享或优势互补为前提，合作各方在营销创新的全过程或某些环节共同投入，以获得最大的市场营销效果。紧抓执行力、关注细节才是营销创新的最佳举措。

（一）营销合作创新模式创建过程

营销合作创新模式中合作各方应遵循共同参与、共享成果、共担风险的原则，同时营销合作创新模式创建过程中的成本与风险因被分摊而降低，以下为其创建过程。

1. 寻求合作伙伴

①寻找合适的合作伙伴。投资是投融资双方共同努力的结果。投资方不仅要了解企业，企业也应该了解投资业乃至整个金融领域。企业盲目地和投资商进行接洽，然后进行合作，不仅最终会导致企业在人力、物力甚至时间上的损失，也会造成企业在金融资信方面得不到信任。因此，企业家在寻求投资之前，如果了解相关融资领域的惯例与知识，就可以避免不必要的损失。

②合作伙伴的形式。在探索型主题合作中，双方总是充满兴趣并积极主动地与对方互动，相互交流经验，从而不断形成新的经验。这是一种共同构建的合作过程，其中合作对象的组合尤为关键，因为它直接影响着共同构建的质量。合作伙伴一般有三种形式："强弱组合"是一种互补式的组合；"强强组合"是能力较强的互动组合；"弱弱组合"要及时鼓励、肯定对方的表现，使双方大胆探索，激发潜在能力，获得自我满足，形成新的体验，从而发挥出探索的内在优势。

2. 实现资源共享与整合

中国企业应该在竞争的同时，加大合作的力度，科学有效地整合中国企业管理资源，以一个整体参与国际竞争，抵御国际跨国集团的冲击。企业管理资源的共享与整合有三方面内容。

①人力资源的整合。中国企业需要的不是人才评测机构，而是人才整合机构，人才的评测应在人才整合的框架下进行。人才整合机构将企业的员工收入旗下，建立员工职业档案，规划员工的职业生涯，分阶段、分工种进行终身统一培训，并服从统一分配。人力资源的整合不是人才的转移而是人才的再生。

②品牌战略资源的整合。品牌是一种文化，是消费者感受产品的总和。品牌主要包含名称、标志、口碑、服务等内容。成功缔造品牌战略的企业，应当把成功的经验与其他企业分享，这也是企业品牌的继承与发展，是提升自身品牌价值的体现。

③营销策划资源整合。营销是关于企业如何发现、创造和交付价值以满足一定目标市场的需求，同时获取利润的学科。企业要在销售大军中挖掘营销人才，进行专业培训，使

其服务企业、服务社会。企业家要增强意识，任人唯贤，推荐优秀销售人才参与到营销策划资源整合的队伍中来，储备能量，服务于整个中国民族经济的发展。

3. 建立创新集群

创新集群是一个系统。在这个系统中，各要素构成、要素之间正式和非正式的连接构成了创新系统，特别是在网络体系上，其直接影响集群的技术创新。在创新集群的网络系统中，创新优势来源于系统合作，高位势企业的技术创新能力决定集群在产业链中的位置，环境和制度是激励创新的动力。

进入 21 世纪以来，集群的发展对创新的要求越来越高，知识、技术传递的速度、深度、广度和方式都发生着变化，这些使得创新集群跨区域网络的建立不仅成为必要，而且成为可能。对中国创新集群来说，通过跨区域技术集成弥补创新能力不足成为可行的途径。因此，跨区域建立创新集群的网络系统将是必不可少的。

4. 共同开发

企业合作营销的新趋势是共同开发战略，共同开发在中国企业中占有越来越重要的位置，企业应该抱有一种更加开放的心态来对待这一趋势，并能善于利用产品本身的优势来搭建一个平台，利用异业合作战略为产业服务。

商业性是产品的重要属性，营销作为其商业属性的重要部分，有其自身的规律和特征，尤其是在当代企业中，企业合作营销与共同开发战略的兴盛具有非同寻常的意义。

企业合作营销以及共同开发战略，在未来中国企业中必将保持兴盛的状态。

（二）合作创新的联合营销

联合营销是基于合作创新理念的营销，它指两个或两个以上企业或品牌拥有不同的关键资源，而彼此的市场有某种程度的区分，为了彼此的利益进行战略联盟，交换或联合彼此的资源，合作开展营销活动，以创造竞争优势。它的理念与营销合作创新一致，即品牌匹配是前提，利益一致是动力，资源共享是基础。下面举例进行介绍。

在"2006 科特勒（中国）营销战略年会"中，世界权威营销专家菲利普·科特勒指出，在营销传播手段日渐多元化的现代社会，"直复营销"将颠覆传统的营销模式，成为一种新的潮流，而其中比较有代表性的是以在线游戏为代表的游戏营销平台。

就在北京车展被全世界所瞩目的时候，另外一个活动也利用这股爱车热潮俘虏了赛车迷们的心，这就是由盛大网络《疯狂赛车》联手上海大众举办的"上海大众疯狂赛车疯狂赛"活动。上海大众在其"POLO 劲情"和"POLO 劲取"上市之际，选择了人气很旺的赛车类休闲游戏《疯狂赛车》做市场推广，在游戏中多条赛道上设立了 POLO 车的广告牌，并且还专门为《疯狂赛车》制作了一辆可以在游戏中使用的道具 POLO 车，完全营造出了一个以上海大众 POLO 轿车为主题的游戏环境。

《疯狂赛车》与上海大众的这次商业合作可谓佳偶天成，将家庭轿车与网络游戏业紧密结合在一起，开创了一个新的合作模式，实现了双赢，成为'直复营销'案例的典范，网络游戏有望成为新的营销平台。"一位业内专家如此说道。

在"上海大众疯狂赛车疯狂赛"活动中，POLO轿车的品牌形象无处不在，由于游戏广告不仅以广告牌等形式出现，还让玩家通过广告道具的使用感悟 POLO 的品牌理念，这一切都不会干扰游戏的正常进行，这些现实中存在的品牌让玩家体会到了真实的接近感，从而吸引其眼球，起到潜移默化的效果。这一切都印证了"营销之父"科特勒对营销合作创新成为下一代"金矿"的前瞻。

三、营销模仿创新模式

营销模仿创新模式是指企业通过学习模仿率先创新者的营销创新思路和方法，吸取其成功营销经验和失败的营销教训，并在此基础上改进和完善，进一步研发更适合企业本身的营销模式，以达到追求最大市场营销效果的目的。

（一）营销模仿创新模式创建过程

营销模仿创新模式由于是后期模仿别人的创新成果再加以改进，因此往往具有低投入、低风险、市场适应性强的特性，但同时也缺乏主动性，以下为其创建过程。

1. 选择模仿对象

不是所有的创业者在商业模式上都需要创新，而成功的模仿往往能为企业的成长节约时间与成本。有数据显示，在产品创新方面，每七个创新产品，只有一个能获得成功。在这种情况下，"模仿"对于创业者来说比"创新"更容易产生效益。所以，我们只有通过市场敏锐地选择模仿对象。

2. 消化吸收先进技术

引进国内外先进技术和设备是对外开放的重要组成部分，技术的引进、消化、吸收、再创新是实施自主创新战略的重要方面。当前抓住跨国公司加速技术转移的机遇，鼓励促进技术引进，对于加快产业结构和出口结构调整，提高企业核心竞争力，转变外贸增长方式，实现外经贸可持续发展具有重要意义。因此，企业要充分了解自己所在地区技术引进、消化、吸收、再创新的情况，分析存在的问题，才能提出对策建议。

3. 研究可再创新集群

块状经济是我国沿海地区的特色和优势，在沿海地区工业中占有举足轻重的地位。近年来，沿海地区块状经济呈现出数量继续扩张、质量稳步提高的良好发展态势。政策研究室可以进行系统调研，分析块状经济近年来发展的新变化、新特点和新趋势，提出发展块状经济的政策建议：从简单聚集到产业集群，竞争优势将进一步凝聚。

4. 投入研发资源

企业自主产品研发需要各种研发资源的有效支撑，其资源整合的过程是一个系统过程，要考虑很多因素。

①企业自主产品研发资源的整合方法，包括：明确企业的实力；区分自主产品研发的外向性程度；辨析资源类型和获得的难易程度；选择合适的资源整合模式；建立有利于资源整合的机制，优化企业组织结构，实现流程再造；形成完整的自主创新体系和环境，培养专业的资源管理队伍，提升研发人员的素质。

②形成合理的资源整合系统。资源整合系统具有自创性、自适应性、自生长性、自复制性等自组织的特征。在这种系统中，系统会不断通过与外界进行资源交换而得到优化。在整合系统的优化过程中，企业要不断积累创新经验，形成比较统一的创新路径和创新环境，形成创新的惯性，最终形成比较完善的企业创新系统。

（二）营销模仿创新模式的再创新

随着行业改革的不断深入，市场营销的内容和方式也发生了很大变化。适应营销发展新趋势，把品牌做大做强，运用新的营销理念为企业谋求更大的效益，是企业持续发展的关键。企业要确保市场营销处于高水平的状态，就要不断加大营销创新的力度，着力在绿色营销、文化营销、品牌营销、服务营销、全球营销等方面进行探索。

营销模仿创新不等于简单的跟随抄袭，而是在此基础上投入研发资源，进一步改进完善。许多企业在这方面的认识有偏差。为了更好地理解这个观点，下面举两个营销模仿创新的网络营销例子进行比较。

① 1998 年，迪士尼公司将其在线业务与 Infoseek（早期重要的搜索引擎）整合进行网络营销，建立了门户网站，原定的竞争对手是雅虎（Yahoo）。但是由于没考虑到此网站有自己特殊的营销环境（如不适合涉及少儿不宜的内容等），仅仅两年时间，迪士尼就关闭了此网站，账面直接损失为 7.9 亿美元。

② 2006 年 4 月，芒果网宣布与网易旅游频道进行战略合作，共同打造全新的芒果网易旅游频道。双方通过充分调动网易的品牌、用户资源优势进行芒果网的市场扩张。芒果网并不是单纯地抄袭国外一些网络营销的成功例子，而是结合自己的品牌特色，创造出适合自身的"病毒性营销"。

2006 年"十一"黄金周正值传统中秋佳节，双节同至，芒果网与网易中秋贺卡合作，推广活动以"病毒性"传播的方式在用户之间蔓延。活动期间，芒果网新增注册会员超过 1.2 万人，还有超过 17 万的用户浏览了芒果网促销的详细资料，获得了卓有成效的营销传播效果。

同样是对网络营销模式的模仿创新，两个案例有截然不同的结果，最主要的原因是前者没有很好地理解和运用营销模仿创新的理念，只是单纯的跟随；而后者是进行改进和完善的再创新，是真正的营销模仿创新。

第四节　营销创新模式原创案例：动感地带赢得新一代

一、案例背景

中国移动作为国内专注于移动通信发展的通信运营公司，曾成功推出了"全球通""神州行"两大子品牌，成为中国移动通信领域的市场霸主。但市场的进一步饱和、中国联通的反击、小灵通的搅局，使中国移动通信市场弥漫着价格战的硝烟，如何吸引更多的客户资源、提升客户品牌忠诚度、充分挖掘客户的价值，成为运营商成功突围的关键。

二、"动感地带"营销事件回放

第一阶段：2003年3月15日到4月15日。

这一阶段主要是集合各种大众传播工具对市场进行广泛告知，推广主题为"动感地带全面上市"。这个阶段是品牌名称和粗线条的概念告知阶段，产品和业务的推介是其次。

第二阶段：2003年4月16日到9月15日。

动感地带在这个阶段推出了品牌代言人，推广主题为"玩转年轻人通信自治区"。这个阶段主要是由周杰伦示范动感地带业务的种种利益点，深度细致的产品推介是其次。

第三阶段：2003年9月16日到2004年7月。

这一阶段的推广主题为"亮出特权身份，就在动感地带"。这一阶段是业务深度推介阶段和品牌文化纵深传播阶段，目的是让目标对象产生一种品牌的自我认同和身份识别，明显地感觉到"哦，原来我就是M-ZONE人"。这一时期的"寻找M-ZONE人"主题活动就是以这个目的来设计的。

第四阶段：2004年7月以后。

这一阶段的推广主题为"扩张我的地盘"。在经历了对第一阶段总的主题"我的地盘，我做主"的利益认知识别之后，为了配合市场推广的进一步深入，动感地带在第四阶段将市场推广目标直接作为品牌推广的主题。并且，这个阶段的品牌文化宣导在原有的基础上也做了些微调整和转移，将原来单纯的"玩"细化到了"有积极追求的创业理想"上，因为这部分人群不会因为玩物丧志而丢失成长为高价值客户的可能。

三、营销策划分析

手机已成为人们日常生活的普通沟通工具，伴随3G浪潮的到来，手机凭借运营网络的支持，其服务内容更加多样化，同时孕育着巨大的商机。而同其他运营商一样，中国移动旗下的"全球通""神州行"两大子品牌缺少差异化的市场定位，目标群体粗放，大小通吃。

一方面是移动通信市场黄金时代的到来，另一方面是服务、业务内容上的同质化，面对"移动牌照"这个资源蛋糕将会被越来越多的人分食的状况，在众多的消费群体中进行窄众化细分，更有效地锁定目标客户，以新的服务方式提升客户品牌忠诚度、以新的业务形式吸引客户，是运营商成功突围的关键。

（一）精确的市场细分，圈住消费新生代

早年对中国移动用户的调查资料表明，中国将超过美国成为世界上最大的无线通信市场，从用户绝对数量上说，截止到 2005 年，中国的无线电话用户数量将达到 1.5 ～ 2.5 亿个，其中将有 4000 ～ 5000 万用户使用无线互联网服务。

从以上资料可看出，25 岁以下的年轻新一代消费群体将成为未来移动通信市场最大的增值群体。因此，中国移动将以业务为导向的市场策略率先转向了以细分的客户群体为导向的品牌策略，在众多的消费群体中锁定 15 ～ 25 岁年龄段的学生、白领，产生新的增值市场。锁定这一消费群体作为自己新品牌的客户，是中国移动"动感地带"成功的基础。

①从市场状况来看，抓住新增主流消费群体。15 ～ 25 岁年龄段的目标人群正是目前预付费用户的重要组成部分，抓住这部分年轻客户，也就抓住了目前移动通信市场大多数的新增用户。

②从长期的市场战略来看，培育明日高端客户。以大学生和公司白领为主的年轻用户，对移动数据业务的潜在需求大且购买力会不断增长，三五年以后将从低端客户慢慢变成高端客户，有效锁定此部分消费群体，企业便为在未来竞争中占有优势埋下了伏笔，有利于逐步培育市场。

③从中国移动的品牌策略来看，形成市场全面覆盖。"全球通"定位高端市场，针对商务人士和成功人士，提供有针对性的移动办公、商务服务功能；"神州行"满足中低端市场普通客户通话需要；"动感地带"有效锁定以大学生和公司白领为主的时尚用户，推出语音与数据套餐服务，全面出击移动通信市场，牵制住了竞争对手，形成预置性威胁。

（二）独特的品牌策略，另类情感演绎品牌新境界

"动感地带"目标客户群体定位于 15 ～ 25 岁的年轻一族，从心理特征来讲，他们追求时尚，对新鲜事物感兴趣，好奇心强，渴望沟通，崇尚个性，思维活跃，有强烈的品牌意识，对品牌的忠诚度较低，是容易互相影响的消费群体；从对移动业务的需求来看，他们对数据业务的应用较多，这主要是因为数据业务可以满足他们通过移动通信进行娱乐、休闲、社交的需求。中国移动据此建立了符合目标消费群体特征的品牌策略。

①动感的品牌名称。"动感地带"突破了传统品牌名称的"正""稳"，以"奇""特"彰显其特性，充满现代的冲击感、亲和力，同时整套视觉识别系统（VI 系统）简洁有力，易传播，易记忆，富有冲击力。

②独特的品牌个性。"动感地带"被赋予了"时尚、好玩、探索"的品牌个性，同时

向消费群提供以娱乐、休闲、交流为主的内容及灵活多变的资费形式。

③炫酷的品牌语言。富有叛逆感的"我的地盘，听我的""用新奇宣泄快乐""动感地带（M-ZONE），年轻人的通讯自治区！"等流行时尚语言配合富有创意的广告形象，将追求独立、个性、更酷的目标消费群体的心理感受描绘得淋漓尽致，使目标消费群体产生情感共鸣。

④犀利的明星代言。周杰伦以阳光、健康的形象，同时有点放荡不羁的行为，成为流行中的"酷"明星，在年轻一族中极具号召力和影响力，与动感地带"时尚、好玩、探索"的品牌特性非常契合，他的代言可以更好地回应和传达动感地带的品牌内涵，从而形成年轻人特有的品牌文化。

（三）整合的营销传播，以体验之旅形成市场互动

"动感地带"作为一个崭新的品牌，更是中国移动的一项长期战略，在完成市场细分与品牌定位后，中国移动大手笔投入了立体化的整合传播，以大型互动活动为主线，通过体验营销的心理感受，为"动感地带"以后的营销传播推波助澜。

①立体轰炸式传播。选择目标群体关注的报纸、电视、网络、户外、杂志等媒体，将动感地带的品牌形象、品牌主张、资费套餐等信息迅速传达给目标消费群体。

②活动以点代面。从新闻发布会携手周杰伦和周杰伦个人演唱会到600万大学生"街舞"互动，结盟麦当劳，冠名赞助"第十届全球华语音乐榜中榜"评选活动，形成全国市场的互动，并为市场形成良好的营销氛围。

③"高空"与"地面"结合。中国移动在进行广告"高空轰炸"、利用大型活动推广传播的同时，各级市场同时开展了走进校园的相关推广活动，建立校园联盟；在业务形式上开通移动QQ、铃声下载、资费套餐等活动，为消费群体提供实在的服务内容，使"高空"与"地面"相结合。

④情感中的体验。在所有的营销传播活动中，中国移动让目标消费群体都参与进来，产生情感共鸣，特别是全国"街舞"挑战赛，在其体验过程中将品牌潜移默化地植入。

四、总结

2009年1月，中国3G牌照正式发放，这标志着我国正式进入3G时代。移动通信技术的进步和手机终端硬件水平的提高加速了中国的移动互联网进程，使用手机上网的用户数量快速攀升。中国互联网络信息中心（CNNIC）数据显示，截止到2010年6月，中国手机网民规模已经达到2.77亿，占据手机用户总数的31.2%。移动互联网市场规模的快速发展已经成为业内关注的焦点。

"80后"用户已成为移动互联网的主体用户，占总数的80.8%。CNNIC指出，娱乐应用仍是移动互联网用户的首选。

"动感地带"作为新入市场的产品针对的是中国移动的潜在用户，并为用户提供其所

需的强大娱乐功能。通过通用分组无线服务（GPRS）网络，用户可以随时随地享受无处不在的娱乐，感受自由自在。

"动感地带"独特的品牌主张不仅满足了年轻人的消费需求，符合他们的消费特点和文化，更提出了一种独特的现代生活方式，突出了"动感地带"的价值、属性、文化和个性。将消费群体的心理情感注入品牌内涵，是"动感地带"品牌的成功所在。

"动感地带"作为中国移动长期品牌战略中的一环，抓住了市场明日的高端用户，但关键在于要用更好的网络质量去支撑，中国移动只有在营销推广中注意软性文章的诉求，更加突出品牌力，提供更加个性化、全方位的服务，提升消费群体的品牌忠诚度，路才能走远、走精彩！

第三章 移动互联网营销——信息时代的营销之王

曾几何时，我们家里的电脑渐渐落上了灰尘，笨重的台式电脑渐渐成为历史，互联网摆脱桌上操作进入了掌上时代。智能手机、平板电脑的风靡不仅改变了人们的生活方式，更给商务活动带来了巨大的商机，注入了崭新的活力。从此，"移动互联网营销"这个词开始被越来越多地提及，移动互联网营销也成了各商家心目中最高效、最成功的营销之路。随着移动互联网营销借助微博、微信、二维码、手机应用程序（APP）等移动互联网技术的发展，营销就这样悄然地走入了它的 3.0 时代。

第一节 移动互联网时代带来的变化

截至 2013 年，全球移动互联网服务收入突破 10000 亿美元。而在中国，2014 年 1 月的移动互联网网民规模已达到 8.38 亿，手机网民规模达 5 亿，占总网民数的八成多，手机占据第一大上网终端地位。这些数据都预示着移动互联网时代的来临。

一、传统互联网王冠掉落

移动互联网时代的来临，冲破了传统互联网的格局，在中国，这种变化几乎是一夜之间发生的。我们曾经惊叹过百度、新浪、搜狐这些门户网站给中国所带来的巨大变化，他们用最快的速度把中国人从电视机前拖入"网"中，然而，惊叹声还未停止，微博、微信、APP 这些术语就突然闯入了国人的视野，并更加迅速地改变着人们的生活方式和观念，用俄国诗人普希金的一句诗来形容，即"一切都是瞬息"。

网易是曾经的四大门户网站之一，目前市值近 120 亿美元。但是网易 2014 年第二季财报数据显示，网易的总收入为 29.52 亿元，而门户的广告服务收入仅为 3.89 亿元，占总收入的 13.17%。若主观一点，把收入换算成市值，网易门户的市值也仅为十几亿美元而已。但是在 2014 年 3 月，金融评估公司里昂证券（CLSA）在一份报告中称，腾讯旗下微信的价值已经达到 640 亿美元，这样巨大的差距，恐怕是网易和腾讯在企业创办之初都始料未及的。

传统互联网用户毫无疑问地在迅速流失，传统门户的用户被严重分流，一部分用户开始使用以手机掌上新闻为代表的新闻类 APP；另一部分用户获取新闻的渠道变成了如微博、微信朋友圈等社交化媒体，而只有极少数用户成为新闻客户端的用户。在移动互联网时代，用户获取信息的渠道变得更加多样化，用户对新闻的要求也更加个性化。

几年前，大众点评网相较其他点评网站来讲，可谓不温不火。但到了移动互联网时代一下子就火了起来。这就是移动互联网具有的一个核心问题，因为生活在移动互联网时代的人不再需要线上的信息，却更需要服务。在传统互联网时代，营销的核心可能是人和信息的交互，但到了移动互联网时代，却更注重人和服务的交流。

移动互联网的最大特点就是这种将抽象、冷冰冰的文字信息变成实用、快捷的服务。每一位见证中国互联网发展的人都有这种深刻的感觉：以前面对电脑上多样化和碎片化的信息，需要无数次地敲打键盘，通常要经过"搜索—筛选—再搜索—执行"的过程，如今我们打开微博、微信和各种手机 APP，只要轻轻一点，通过"搜索—执行"一切事情就解决了。这就是移动互联网的魔力，它已经完全地融入了人们的生活当中。

二、营销 3.0 时代的来临

某大学一年级学生小王在校园开展的一次手机签到活动中居然拿到了梦寐以求的苹果 iPad2（苹果平板电脑），小张签到中奖的消息，很快以寝室为单位在校园传开了，很多同学也都加入签到的队伍中。这个活动很快火了。其实，这只是康师傅品牌策划的一项活动。这次活动的策划者知道，在信息碎片化时代，消费者已没有时间接触大段广告，更拒绝说教，只有贴近他们的信息接收习惯，采取好玩的营销方式，才能引起消费者的共鸣。因此，活动的成功，除了奖品的刺激，还在于其整合了各种新式玩法，如手机签到、创意游戏、微博分享、手机报刊营销等全新体验，"病毒式"地传播了康师傅饮品的品牌内涵。据统计，超过十万人参加了这次活动，其中参与手机签到的就有 5 万人，3 万人在微博上转发和分享此次活动，实现了"让用户在玩的过程中潜移默化地体会康师傅品牌"的目的。

对于康师傅饮料这种传统消费品来说，只有线上活动显然是不够的，线上线下结合，才能取得最佳效果。康师傅的品牌知名度已经很好，因此品牌宣传不是首要目的，取得消费者的忠诚和信赖，才是康师傅当下的营销重点。利用时下最受年轻人欢迎的手机位置化"签到"与手机互动小游戏成了"康师傅"重点考虑的因素。

康师傅营销成功的案例说明，营销模式的变革已经来临，当很多传统企业都在拼"高大上"的广告宣传时，康师傅选择了移动互联网时代最能体现的"亲和力"。如果说网络营销是工业时代营销活动的 2.0 升级版，那么移动互联网营销就属于第三代营销，移动互联网时代的来临也预示着营销 3.0 时代的来临。

第二节　移动互联网营销的特征

"现代管理学之父"彼得·德鲁克曾说："现代企业的竞争，不是产品之间的竞争，而是商业模式之间的竞争。"移动互联网营销所开创的崭新商业操作模式，正在一点点改变企业之间的竞争生态。那么，什么是移动互联网营销？移动互联网营销的关键词有哪些呢？

一、个性化：抢占市场之前要先抢占眼球

如今，传统电脑上的信息已经让人不胜其烦，过多碎片化和同质化的信息越来越受到网民的诟病。而移动互联网营销可以根据用户位置信息、用户兴趣、终端类别以及时间段等来提供精准的推送，一对一的精准传播成为现实，这不仅满足了用户对信息精准度的需求，更加可贵的是，营销活动本身不再以企业和商家为主导，而是企业和商家跟随用户的脚步，满足用户个性化的要求。

日本快时尚品牌优衣库推出了一款APP——UTme，通过该APP，用户可以自行制作服装样式，用户下载该APP后可以涂鸦，使用手机照片或者字母图案制作自己的DIY（指自己动手做）T恤，这也是移动互联网营销带来的个性化服务。

二、分享：快速的营销交互模式

过去，我们在电脑上看到一个信息后觉得不错，那么我们怎样将这个信息分享给需要的朋友们呢？打电话？拍张照片？还是直接将网络链接发给他们？这都过时（OUT）啦！现在，只要一键分享就好了。企业可以结合智能移动设备的特性来挖掘新的广告模式，如基于位置的广告推送、"摇一摇"的广告。利用基于位置的服务（Location Based Service，LBS）功能，广告还能告诉消费者路程最近的门店在哪里。手机是可以综合运用文本、图像、音频、视频等多种类型信息进行传递的终端。

以微信朋友圈为例，"80后"白领刘岩（化名）靠微信朋友圈做起了小生意。起初他发现了朋友圈这一商机，做朋友圈生意很简单，就是每天发产品信息到朋友圈，通过微信朋友圈的分享和转发，如果有人看到比较喜欢的产品，想要购买，就可以做成一笔生意。他的客户基本上都是自己的朋友，而且能熟人带熟人，交易量渐渐大了起来。他说："单位和家里都有Wi-Fi（一种可以将个人电脑、手持设备等终端以无线方式互相连接的技术），货源是同学家里自己做的鞋子，没想到，第一个月就赚了近千元。随后我进的货越来越多了，从送货到快递物品，不到半年就赚了七千多元。"

上述事例说明移动互联网时代是一个便于分享的时代，移动互联网营销是一种注重分

享的营销模式。移动互联网营销的特点之一就是分享越多、越主动，营销就会越成功。

三、植入：欲罢不能的秘密武器

不管是微信的公众账号还是 APP，植入式广告几乎无处不在。但是需要指出的是，与传统的互联网和多媒体植入式广告相比，移动互联网的植入式广告必须做得更巧妙，"大鸣大放"必然遭到反感，而潜移默化才是移动互联网广告植入的最高境界。

为了不招致用户对移动应用植入广告的反感，英国伦敦的移动广告新锐 LoopMe 公司（移动广告公司）设计了一个在应用中集中收纳移动广告的"广告收件箱"按钮，将多个广告整合到一个"小盒子"中，再将这个"小盒子"放在应用的一角，用户在使用应用时点击这个"小盒子"，就可以浏览里面丰富的广告。

LoopMe 在 2012 年 8 月正式上线，目前已有超过 100 家广告客户，其中包括本田、亚马逊、玛莎百货这样的大公司和几家移动运营商。

数据显示，在带有 LoopMe 收件箱按钮的应用中，5% 到 10% 的用户会点进收件箱看一看，这一比例是横幅广告点击率的 10 倍，而且相当稳定。用户点进 LoopMe 的收件箱之后，可以一次性看到很多商家的优惠信息，而这种广告展示方式已经显示出比单个横幅广告更好的效果。

移动互联网用户群如此巨大，但却缺乏有效的营销手段。做移动互联网植入的关键在于，要懂得用户的临界点，照顾到他们的忍耐度，同时，在植入式广告中加入趣味性话题，是植入成功的重要一步。

四、"秒杀"：让用户马上动起来

所有营销都是为了让消费者完成消费活动，因此，让消费者从看到广告到达成交易完成购买，才能完成营销的整个环节。而移动互联网带来的时间和空间的结合，可以加速消费者做出选择和行动。例如，在一家大型购物中心的楼顶，很多品牌推出了扫描二维码获得购物券的活动。这种"秒杀"的方式，可以在截流消费者的时候，让消费者产生行动。而微信推出的微支付则进一步实现实时化的交互，可以帮助用户即时转账支付，微信后台的工作人员还能与用户即时沟通，满足用户在某一时刻的需求。

五、社区化：物以类聚，人以群分

个人电脑带来的营销模式是大众化的营销模式。大众化的营销模式是随着点击率的攀升来赢得知名度和利润的。而移动互联网时代是以个人为中心的产品设计，企业的商业运作按各种维度来分析，人群分类有多少，社区就有多少，社区应用的市场就有多大。在大众化的点击率枯竭之后，这个增长红利在移动互联网时代将得到很好的体现。

以陌陌为例，2013 年 1 月 4 日，陌陌 3.0 版本正式上线，这一版本的陌陌新增地点留言功能，旨在改变人们之间传统的认识方式，基于地点来组织人际关系。通过留言板，用户可以在 2 千米以内的地点进行留言，按照社区、餐馆、咖啡厅等分类将志同道合的人聚集在一起。在餐馆等地点的留言，可以起到类似大众点评的功能；在学校社区的留言，可以催生拼车活动。

由主推陌生人模式到打造"附近的人"的强关系，是移动互联网营销代替传统互联网营销的新亮点。移动互联网营销利用这种用户自主产生的内容，将进一步抬高同类产品的竞争壁垒，使得同类产品之间的竞争更加具有灵活性。

可以说，移动互联网营销的最大特点就是以人为本，而不是以产品销售为本。这可以说是营销理念的一次重大变革。在这种营销模式中，企业把产品的设计、应用以及宣传功能完全交到公众的手中，使人的创新活动发挥到了极限，从而带动企业的转变和产品的转变。

第三节　二维码营销模式

如今，"二维码"对人们来说已经不再是一个陌生的词语，对于这种由黑白小方格组成的矩阵图案，人们只需用手机扫描一下，就可获得意想不到的丰富信息。二维码营销方式因其创新性、互动性让传统营销模式黯然失色，也预示着移动互联网时代的来临。

一、二维码的含义

二维码又称二维条码，简单地说，它是用特定的几何图形按一定规律在平面（二维方向）上分布的黑白相间的图形，是所有信息数据的一把钥匙。通过二维码可以记录的信息有很多种，包括图像、声音、文字等。

二、二维码带来的营销方式变革

在很长一段时间里，传统营销方式一直是一种单向的营销方式，如通过制作灯箱、户外广告、快讯商品广告（Direct Mail，DM）等方式，向用户进行填鸭式的视觉宣传，用户只能选择看或不看，无法进行真正的互动，这种缺乏互动与分享的营销模式，正在迅速地被崭新的移动互联网营销模式所取代。

2010 年，麦当劳率先推出了"二维码优惠券"，使二维码进入了日常消费领域，麦当劳从此在营销方式上取得了重大突破，为企业带来无比巨大的收入。

随后，国内众多企业试水二维码营销，其中不乏中国移动、中国联通和海尔等企业巨头，他们在地铁走廊、电视屏幕上都加上自己企业的二维码，方便用户快速地获取广告信息。

随着新的二维码营销方式逐渐深入人心和移动互联网行业的爆发，二维码更是受到了移动互联网企业的青睐，被众多的移动互联网企业进行更深层次的营销应用。从最初的扫描宣传单页、易拉宝、用户手册上的扫描下载应用，到越来越多的移动互联网企业直接在应用内设置扫码功能，如手机淘宝客户端内置扫码功能实现移动支付、京东商城 APP 内置扫码功能实现用手机下单购物等，二维码让互联网用户慢慢地远离了电脑而依赖于手机上的"扫码"，这使得移动互联网变得真正的移动化，也迫使传统互联网企业纷纷转型。

三、二维码实现精准营销

别看二维码只是一个小小的方块，但其背后却有着功能非常强大的运营平台。二维码在营销中的最大优势是可以监控营销的效果，从而为之后的营销策略提供依据。

以房地产广告为例，一家房地产公司在报纸上做了广告，并在广告中增加了二维码，对广告内容感兴趣的用户扫描二维码可以获取房产楼层、户型、区位配套设施等丰富的内容，更加直观地将其竞争优势呈现在用户的眼前。

用户使用二维码特有的主动性，决定了利用二维码获取产品信息的用户，一定是该产品的目标用户或者潜在用户。商家通过管理后台，可以精确地跟踪和分析用户的心理，对访问者的手机机型、话费类型、访问时间、访问地点、访问方式、不同媒介载体的使用情况以及访问总量等一目了然，为企业选择最优媒体、最优广告位、最优投放时段提供精确的参考，方便企业随时调整营销策略，帮助企业以最小投入获得最大回报，最终实现精准营销。

四、"O2O"模式的延伸

实际上，从二维码营销方式上，我们可以看到"O2O"模式的巨大潜力。所谓的"O2O"模式，即"Online To Offline"，指的是将线下的商务机会与互联网结合在一起，让互联网成为线下交易的前台。这样线下服务就可以通过线上渠道来揽客，消费者可以用线上渠道来筛选服务，交易成交后可以实现在线结算并很快达到一定规模。该模式最重要的特点是推广效果可查，每笔交易可跟踪。"O2O"模式实际上就是最具代表性的移动互联网时代的营销模式。

"O2O"模式实现了虚拟的互联网世界与现实世界之间真正的互动，而二维码技术的应用则为两者之间的快速交互提供了入口，这也正是二维码火起来的原因。

以《最美》手机风尚杂志为例，2013 年"十一"黄金周期间，一则关于"沈阳中街惊现巨型二维码"的话题被广泛转发、讨论。在沈阳中街步行街和朝阳街路口的楼体上，高挂一幅巨型"二维码"，看到的人群扫描之后，进入一个名为《最美》手机风尚杂志，该杂志以分享关于旅行、房产、热点话题等具有十足风尚感的文章为目的，让用户在轻松阅读之余潜移默化地接受其所做的商户推荐，以此为相关商户提供了大量客源：仅"十一"

长假期间，就有近万用户通过扫描二维码关注《最美》杂志。

在移动购物市场，通过手机扫描二维码下单、收货对传统的购物模式进行了完美的补充。国内电商京东商城、1 号店、淘宝网、当当网、苏宁易购等先后在地铁、公交站台推出了二维码超市，用户通过扫描二维码，就可以进行移动购物。在食品行业，脉动、乐吧薯片等也在使用二维码推销自己的产品，以扩大企业的知名度和提升销售量。

这些都是二维码为其带来的机遇。二维码营销模式的爆发是对"O2O"模式的延伸。曾经要我们用鼠标和键盘输入后才能进入的虚拟世界的大门，就这样被二维码打开了。这是一个二维码的时代，相信在未来，二维码能做的将会更多。

第四节　与时俱进——老牌企业必须迈过的坎儿

在移动互联网大潮的冲击下，很多传统企业走入了穷途末路。但是更多的老牌企业领导者们在琢磨，在思考，在学习。试想连"PC 教父"柳传志也连说"看不懂"的这一新的时代，对于老牌企业意味着什么。了解移动互联网时代的游戏规则，与时俱进，是老牌企业必须迈过的坎儿。

一、不懂移动互联网营销，就背离了这个时代

2010 年岁末，国美、苏宁等家电销售连锁巨头以审货为由，要求其各大家电供应商向网络销售商京东商城减少供货，企图"封杀围剿"京东商城，从而使得传统渠道对互联网渠道的对抗公开化了。京东商城毫不示弱，要求两家家电销售巨头给个说法。最后的结果是国美、苏宁没有围堵住京东，而对供应商来说，一边是快速增长、拥有年轻消费族群的新兴渠道，一边是拥有巨大的现实销量和广阔覆盖面的传统渠道，他们只能在火药味越来越浓的两者冲突中不断"救火"，小心平衡。

国美、苏宁和京东的渠道之争，从一个侧面表现出传统营销渠道在面对互联网渠道，特别是移动互联网渠道时的尴尬和无奈。但是移动互联网营销所取得的巨大成功表明，如果老牌传统企业一味抱残守缺，那么其结果只能是与这个时代越相背离。

2013 年 7 月，一家叫"哈哈镜"的鸭脖店微信公众号上线，不久后他们又开通了微信购物，粉丝迅速涨为近 6 万，许多移动端消费者转到微信下单。目前，哈哈镜微信销售额竟然占整个电商渠道的一半。现在，"哈哈镜"微信上规定下单的起送价为 50 元，运费 10 元，由于微信支付只需绑定个人银行卡或者信用卡便可实现，这给用户下单带来了前所未有的便捷。

对于鸭脖这种新鲜食品而言，传统营销和配送模式成本高昂。但消费者通过微信下单后，这条订货信息传递到后台，后台再根据填写的配送地址把订单匹配到方圆五千米以内

的配送门店，既保证了及时送货，又降低了配送成本。"哈哈镜"鸭脖店从传统的销售模式快速进入了移动互联网营销模式，这是对传统营销手段的一次重要颠覆。

二、转变从观念开始

传统企业要突破传统观念的藩篱，迅速了解移动互联网时代的商业模式、营销模式、销售模式，包括资源的配置等，就要认清以下几点。

第一，移动互联网时代是拼智慧的大变革时代，是考验企业战略智慧的时代。企业只有拥有领先的战略智慧，并采取准确快速的行动，才能获得新时代的红利。

第二，摆脱单纯的卖货思维。卖货思维是传统营销思维的典型特点，传统营销思维是单纯为了增加产品销售量，向消费者大量灌输产品信息，而不论效果如何，总结起来就是一句话："用数量代替质量"。

移动互联网时代的特点就是"以受众为中心"代替"以传者为中心"。企业需要做的就是抓住消费者的心理，将移动互联网纳入整个营销体系，取得与消费者的即时对话，满足其个性化的需求，增强与消费者互动沟通的效果，营销才会变得更加专业和高效。

第三，一次促销打折不如一次有创意的内容策划。无论是在实体店表现优异的品牌，还是在互联网方面出类拔萃的品牌，都需要有创意的内容来为产品增添光彩，传统营销模式把打折促销活动作为营销策划之中的重要一环，只会坐等顾客上门，而在移动互联网时代，促销活动对产品的意义还远不如一次微博、微信的送红包活动。因此，传统营销模式极大地束缚了营销策划者的思维，而移动互联网则能拓展营销策划的空间，使营销更具吸引力。

三、新时期领导者们必须抢占"桥头堡"

对于那些老牌企业来说，他们也许经历过无数次的大风大浪，迈过了一个个的浅滩礁石，而如今的移动互联网时代，需要的仍然是这种无畏的精神和抢占先机的意识。

移动互联网时代的到来，令曾经被称为"中国的脸书"的人人网感到了空前的压力和紧迫感。在中国，人人网通过同学交友这个平台将社交网络推向了社区时代，但如今，相较于更加精准的微信和微博，他们的优势正在一点点地缩小。

2013 年伊始，人人公司就抢先完成组织架构和业务群组调整，并成立独立的无线业务事业部，专注于移动互联网领域的新产品研发和运营。紧接着，人人网依次发布了语音社交应用"啵啵"和图片社交应用"美美"，新产品推出之快更是令人咂舌。其中，"啵啵"内置全球首款语音变声滤镜，包含"喵星人""变形金刚"等近十种特殊音效，用户可以用不一样的声音展现自我。而"美美"是一款 APP 版的"自拍神器"，支持连续自拍，用户还可以通过一键"美肤＋磨皮＋祛痘"功能瞬间完成自拍和达到美颜效果。

作为社交网站的老品牌，人人网有了强烈的危机感，迅速调整了策略，从线上走到线下，推出了自己的移动应用。而对于更多的企业来说，时代不会给我们太多时间去等待和观望，老牌企业只有接受移动互联网时代所赋予的使命，完成从传统营销到移动互联网营销的转型，才能在未来的市场竞争中站稳脚跟。

第四章　"微"机四伏——全新移动互联网营销时代来临

截至 2014 年第二季度，全球微信用户总数已达 6 亿，其中包括国内用户 5 亿，海外用户 1 亿。微信作为手机即时通信软件的后起之秀，仅用了 3 年时间就迅速成为同类软件中的翘楚，其发展速度让人惊叹。现在流传的一句话是"智能手机改变了我们的生活，而微信却改变了我们的习惯"。最重要的是，以微信为代表的 APP 开启了全新的移动互联网营销时代，它对经济、文化以及人们的价值观等都产生了深刻的影响。可以说，这是一个"微"机四伏的时代。

第一节　生活因微信而改变

微信所获得的巨大成功与微信强大的社交功能密不可分。微信具有零资费、跨平台沟通、显示实时输入状态等功能，用户可以免费使用微信语音、图片、视频等多媒体方式发布自己的信息，还能利用"朋友圈""附近的人"等方式来和其他用户进行有效的互动，微信功能的实用性深刻改变了传统互联网人际关系沟通的格局。

一、大众交流平台：随时随地聊翻天

微信具体功能如下：

①支持发送语音短信、视频、图片（包括表情）和文字；

②支持多人群聊；

③图片、语音和视频优化，1 兆字节可发约 1000 条文字信息、1000 秒语音信息、约 1 分钟视频信息，微信支持短视频的录制。

后台运行每小时只消耗约 2.4 千字节。

手机在运行微信程序的时候，会使手机的电能消耗加快，所以建议在不用微信的时候关闭手机的微信程序软件。

微信语音开放平台提高了聊天输入效率，准确率为 90% 以上。自定义词表识别技术也对外开放，用户可以自定义词表，识别结果返回非常精准，而不会像通用识别那样有同音字词的问题。微信还有语音合成功能，可以用标准的声音将文字朗读出来，让用户的应用可以"张口说话"。

二、"朋友圈"：点滴的分享

微信朋友圈是微信 4.0 版本中新增的功能，于 2012 年 4 月 19 日软件更新时上线，用户可以通过朋友圈发表文字和图片，同时可通过其他软件将文章或者音乐分享到朋友圈。用户可以对好友新发的照片进行评论或点赞，用户之间只能看共同好友的评论或"赞"。

三、"扫一扫"：世界更奇妙

微信"扫一扫"是微信 5.0 版本新增加的功能，微信 6.0 的"扫一扫"功能与之相同，同时也有支付功能，能够快速支付。

"扫一扫"功能被细分为 5 个子功能：二维码、条码、封面、街景及翻译扫描功能。

（一）扫码

扫码主要用于商品条形码识别，大至家电产品，小至办公用具，都能在瞬间被准确识别。识别后微信会进入一个类似中间页的页面，标识商品品类，并提供购买通道，在这里可以直接跳转至商城页面进行下单购买。

（二）封面扫描

对于图书、光盘（CD）、电影来说，用户不再需要麻烦地去寻找了，直接扫描图书、CD 的封面以及电影海报即可，图书介绍、好听的 CD 购买通道和热门电影的放映信息等都会马上显示。而最近知名图书点评网站豆瓣网也已经接入，通过封面扫描，用户可以快速查看豆瓣网所给出的书评。

（三）街景扫描

街景扫描利用腾讯开发的"SOSO 街景"技术，并结合手机重力感应及陀螺仪感应器，用户只要打开就可以看到身处地周边的街景，街景随手机方位改变实时变化，此功能对于出门旅游的游客来说非常实用，做到了真正的边走边看。

（四）翻译

翻译扫描功能来自腾讯另一个创新产品"SOSO 慧眼"，微信用户只要点开翻译界面，对准自己不熟悉的英文单词进行扫描，就可以得到单词的中文释义了。

四、"附近的人""摇一摇"：天涯若比邻

查找附近的人是 2011 年 8 月 3 日微信正式推出的社交功能，通过该功能，用户可以找到自己所在地附近同样开启本功能的用户。正是此项功能的推出带来了微信用户数量的第一次大爆发。

微信"摇一摇"是微信推出的一个随机交友应用,通过摇手机或点击按钮模拟"摇一摇",可以匹配到同一时段触发该功能的微信用户,从而增加用户间的互动和微信黏度。

微信"附近的人"和"摇一摇"功能都是基于移动位置的服务,它们的特点是覆盖范围广,精度高。

五、购物:让拥有变得方便

2013 年 6 月,微信为部分企业公众账号开通了在线购物功能,用户可以在微信公众账号内进行购买并完成支付环节,而相比其他的手机购物应用,在整个购买过程中,用户不用退出微信程序就可进入其他网页或程序,也不用下载任何团购应用或注册账号,只要拥有一张支持网上支付的银行卡、一个微信账号,就能通过手机微信购买商品,购买方式极为方便快捷。

六、游戏:随时随地玩

游戏中心是微信开发的交互游戏平台。在微信 6.0 版游戏中心里,用户不仅可以领取游戏礼包,还能快速启动游戏。同时,微信 6.0 版将游戏中心进行了全新的改版,增加了大量有趣的游戏,增强了游戏中的社交元素。

七、微信公众号:让营销变得更简单

微信公众号是微信为名人、商家和其他机构在微信公众平台上申请的应用账号,该账号与 QQ 账号互通,通过公众号,很多商家可在微信平台上实现与特定群体的文字、图片、语音、视频全方位沟通、互动,形成了一种主流的线上线下微信互动营销方式。

微信改变了我们的生活,微信改变了营销的环境。如何使用微信来创造价值,要看各自的智慧。每位用户、每个商家都要根据自己的情况来使用微信这个平台,或者服务他人,或者营销和推广自身的产品。

第二节 微信巨大的商业价值

商业价值与用户需求成正比。微信所拥有的庞大用户群,在用户需求方面更加丰富和多元化,这对商家来说充满了机遇,如何能够从微信中分得一杯羹,是每个想在网络上寻找一条捷径的商家都会思考的,那么,微信具有哪些巨大的商业价值呢?

一、使企业受到"上帝"的眷顾

"客户就是上帝"这句话是商业社会不变的真理。而微信在发展过程中最大的优势就是用户，但是微信从来就没有对公众账号的订阅量进行排行、打榜，原因是如果微信的价值仅仅体现在用户的关注和订阅上，那将是毫无意义的。微信真正的商业价值并不在于关注度，而在于从用户变客户的有效转变。对企业而言，真正的忠诚度和活跃度才有价值。

微信营销可以让企业迅速获得超高粉丝量，但这些粉丝也容易流失，并且运营者根本无法控制。所以，企业在有条件的情况下，可以定期组织活动，如赠送优惠券或有一定价值的礼品，能够维护现有客户的忠实度和活跃度，也会通过"病毒式"传播和口碑营销的方式获得更多粉丝的关注。

2013 年 3 月，春秋航空微信平台推出了"1000 张 0 元机票（不包含燃油、机建等税费）秒杀"活动，春秋航空的微信粉丝通过微信平台直接进入秒杀促销页面。此次秒杀幅度惊人，覆盖了上海、石家庄、沈阳出港的 50 余条国内航线，同时覆盖上海至香港、上海至澳门、杭州至香港、重庆至香港、厦门至香港等航线。每个订单只能抢购一张机票，往返程机票等同于两张机票，一张机票以上可分多次抢购。票量有限，售完即止。

春秋航空还不断尝试探索新的科技应用，已经开发了"微博选座""微信订票"等一系列深受旅客好评的创新产品。

日益激烈的竞争和投资主体的转变将促使更多的行业进入移动互联网营销领域，微信营销的优势就是可以帮助企业留住老客户、吸引新客户，并帮助企业实现盈利目标。

二、提供有价值的信息

企业和商户只有为客户提供有用的信息，才能赢得客户的关注。不管是传统互联网时代还是移动互联网时代，企业都要在巨大的信息流中为客户提供有价值的信息。这也让微信具备了一定的商业价值。

2013 年 1 月 30 日，中国南方航空微信公众账号诞生，在不到十个月的时间里，南航微信粉丝数量突破了百万大关，成为国内名列前茅的企业账号。从零到百万粉丝，南航成功的关键就是"以客户为中心"的一站式微信服务体系。

2009 年，南航从"以产品为中心"向"以客户为中心"转型，分析出一个旅客出行的 12 个关键步骤，提供了从订座出票到预订酒店等一连串的信息服务，而微信的出现使得这样的服务链更加完善、高效，它几乎囊括了所有旅游、出行用户需要的信息，微信客户黏度得到了显著的提高。

微信公众号能否获得更多用户的关注，关键在于能否提供有价值的信息，只要提供的信息对客户来说有一定的用处，客户就会对企业和商户产生依赖，而客户对企业和商户的依赖心理，会为其带来巨大的利益。

三、舒适的自由度

微信为信息的传播提供了舒适的自由度，用户通过搜索可以快速地与好友联络。而"微支付"为信息的流动提供了巨大的机会，激活了现金流的流动。用户还可以方便迅速地与好友进行联络（通过发送给好友、分享到朋友圈、群聊的方式），这些都为信息流、现金流的流动创造了条件。

微信为营销者提供了一个直接与用户对话的渠道。几乎所有的营销者多年来都在强调要和用户互动，要了解用户的真实需求，而微信可以让营销者与具体的客户进行对话和互动。

四、游戏带动商机

微信除了具有聊天、分享的功能外，娱乐的功能也不容忽视。游戏对于用户来说是娱乐工具，而对于企业和商户来说，它却具有维护客户关系的重大商业价值。

负责澳贝婴幼玩具公众号运营的互动派母婴运营组，为澳贝开发了一款砸金蛋的有奖小游戏，上线仅6天用户参与次数就突破了10万，参与人数也有3万之多，这一活动加大了澳贝品牌在社交媒体上的曝光度。不仅如此，游戏经由分享参加的人数也超过两万人，最终使公众号获得了将近1万的粉丝。

围绕微信制作的手机社交游戏，就像当年QQ空间里的"QQ农场"一样风光无限。把相同的社交游戏理念植入微信当中同样有尝试的价值，会受到众多微信用户的青睐。

五、衔接"大数据"

微信公众平台具有数据统计功能，数据统计功能分为用户分析、图文分析和消息分析三大项。其中用户分析分为用户增长和用户属性两部分：用户增长包含新增人数、取消关注人数、净增人数和累积人数四个要点；用户属性部分则主要在于性别、语言、省份、城市四个要点。这是"大数据"在微信公众平台的真正应用。

随着移动互联网的普及，营销人员单纯凭经验感性洞悉市场的时代即将成为过去式，营销迎来了自动化、数据化时代，利用微信平台收集"大数据"，让系统取代传统人海战术，成为一种必然，而智能营销的便捷和快速，也让企业和商户在决策和管理上更加游刃有余。

微信所拥有的巨大商业潜力和商业价值，让更多的人投入到了它的怀抱。对于微信而言，挑战就是在用户打开微信后，能否将其商业价值最终实现。

第三节 微信：低门槛、高回报的创业新天地

相对于其他 APP 来说，微信绝对是低门槛、高回报的 APP。它免去了第三方开发的费用，微信的注册和应用几乎全部免费，节省了开发成本，而利用微信的各主要功能进行营销活动，操作简单，粉丝关注度高，可以说，只要熟练运用各种移动互联网营销技巧，获得高回报是非常简单的。对于刚刚入门的创业者来说，微信营销是最适合的营销方式。

一、低门槛：边交友边营销

微信的低门槛，首先是指它的注册方式门槛低。和 QQ 一样，注册完全免费，只要用一个 QQ 号或个人手机号，就能轻松注册使用微信了。其次，微信的操作也非常简单，创业者只需要一个微信账号，就完全可以进行营销操作了。

以南希做微商为例，南希和她的小团队注册了一个微信号，他们基于微信朋友圈做起了电商，主要销售美甲、美睫产品，短短四个月时间，资金流水已在二十万元以上，其中大部分的成交客户来自微信的沟通客户。此外，其线下店铺每月六七万的资金流水中，也有不少微信转来的客户。

随着微信渗入都市人的生活，依托这一平台销售自制美食的卖家也日渐走俏。销售的美食包括小龙虾、卤味食品、比萨、甜品、私房菜等。只需几张诱人的美食图片加上几句简单介绍，卖家就可引起朋友圈较高的关注度。一批几乎零门槛的微信美食店铺在微信朋友圈中悄悄蔓延。

大多微信营销店铺，满额就能同城免费送货上门。汉口一家卤味店开业才数月时间，每天订单就有几百个。武昌一家鲜切水果店虽然开业不足一个月，但通过微信朋友圈的口碑，也做得有声有色。

从微信创业来看，与服务、情感相关的行业比较适合做微信推广，如美容、美食、个性家居、中介服务、家教培训、海外代购等。这种模式其实适合每个人去尝试，好友是可以不断积累的，他们都有各种需要，如果他们相信卖家，就会在卖家这里消费，那么卖家就可以获得收入，最重要的是，成本很低，投入也很低，不怕出错。

对于创业者来说，微信不仅本身使用门槛低，初期拓展用户的门槛也很低。创业者可以把亲戚、朋友、同学、同事和 QQ 好友加进去，当关注创业者的用户达到了一定数量，自然而然会出现帮你介绍新客户的情况，这样就形成了良性循环。

进入 2014 年，对于创业者来说更是好消息不断，因为微信的门槛还在不断地降低：2014 年 9 月，微信服务号申请接入微信支付功能不再收取保证金，而此前申请接入微信支付的所有功能商家都需要支付 2 万元保证金。

二、高回报：就是要赚钱

在微信低门槛创业的背后蕴含着巨大的财富机遇。很多人因为看到了微博营销的赚钱之路，因而涌进了微信，大搞微信营销。

以微信喜帖为例，即将迎来人生一大喜事的刘小姐成了微信朋友圈里的明星，一直以时尚、个性、不走寻常路而著称的她，就连结婚的喜帖都显得如此与众不同。原来，刘小姐摒弃了传统的纸质喜帖，转而利用微信报喜，为当下的婚庆行业带来了全新的改革风暴。为刘小姐策划微信喜帖的公司，通过在微信上巧妙地设计，让刘小姐的亲友回复"喜帖"二字之后就可以看到微信喜帖的表现形式。这种时尚的形式很快便在大城市中流行开来。而这家刚刚成立的婚庆公司，当初也只是抱着试试看的心理购买了微信生意宝的微信喜帖产品，他们完全没想到这样一个小小的服务能带给他们这样高的回报。

庞大的用户群体是微信喜帖生根、发芽、苗壮成长的沃土。而对于目前竞争近乎惨烈的市场来讲，创业者需要做的就是在服务上不断推陈出新，同时把营销成本降到最低。微信迎合了当前客户追求新奇的心理，又以几乎零成本的方式来宣传、推广自己的产品，这样一举两得的事，创业者岂能放过？

那么，对于创业者来说，应该如何打造自己的微信呢？

（一）增加关注度的4个方法

①导入原有社交平台粉丝，如微博、QQ、人人网、开心网的粉丝等。

②加入微信群，添加群内好友，但要有选择性并定时优化。

③在名片上印上微信号，参加活动时现场互加或寻找附近的人加。

④通过公众号宣传。

（二）利用微信创业前必须搞明白的3件事

①微信营销是"一对一"的营销，因此卖产品之前首先要先营销自己，首先要端正自己的态度。

②营销是手段，不是目的。形成口碑、转化人脉、形成合作，才是目的。

③用户成为谁的客户，是对谁信任，所以要竭尽全力保证客户的支付安全。

（三）微信营销的4种渠道

①朋友圈。

②微信群私信推送。

③微信公众账号。

④微信购物。

（四）微信推广包含的3项内容

①创业者对产品的体验，创业者自己应该是产品最初的体验者。

②产品相关的知识和文化，让潜在客户看到产品的价值。

③激发人参与欲望的内容。

（五）微信营销的4种推广手段

①故事营销，讲述自己的故事，讲述产品的故事。

②借势营销，微信中流传的每一个段子、每一个热点都可以为创业者所用。

③活动营销，让大家自发地"赞"起来、"转"起来。

④体验营销，线上聚集人气，线下体验背书。

（六）微信创业4大注意事项

①不忽悠，确保顾客了解产品真实的状态。

②己所不欲，勿施于人，自己没有体验过的产品不要向别人推销。

③不要无节制地扩散产品营销范围，微信营销注重的就是精准营销，要让所有人都成为客户是不可能的，要见好就收。

④不要推卸责任，如果产品有问题，就要让顾客知道如何维权。

"选择大于努力"，生活在这样一个瞬息万变的移动互联网时代，没有人会主动教创业者做什么，怎么做，因此创业者必须靠自己，对变化及时做出反应。

第四节　微信上的创业方向

既然能利用微信创业，那么我们首先要明确哪些行业适合用微信赚钱，判断的标准是其可以巩固老客户、带来新客户，有助于提升既有的客户体验，简化运营流程，提高工作效率。只要满足了以上几个条件，我们就可以大胆尝试去进行微信创业了。

一、酒店业：布丁酒店的快速成长

布丁酒店创建于2007年，从酒店的发展历史来看，它也只是连锁酒店行业的一支新军。2012年11月，布丁酒店微信客户订房功能上线，产品上线后，布丁酒店便着手分析用户群体的构成，以便更好地推陈出新。经过数据对比研究，布丁酒店管理层发现布丁酒店的核心客户群是大学生和白领，而他们正好是微信的主要使用人群。而这一用户群体的消费诉求是实惠、方便、好玩，对品牌有好感。

在上述背景下，布丁酒店明确了其微信账号的功能——互动、营销、信息查询、自助服务，用户可以通过这个平台实现咨询、预订、娱乐以及求助，而且在此过程中，用户还有机会获得各种实惠，阅读好玩的内容。客户在头脑里给产品或者服务定位，以此确保产品或服务在客户头脑里占据一个真正有价值的地位。

此外，布丁酒店还利用线上、线下双向夹攻的方式，在微信内容上增添趣味性和时尚性内容，同时推出一系列线下活动来聚拢"人气"，立刻在短时间内收获了众多用户的关注。

布丁酒店利用微信平台，在不到一年的时间里积累了近 60 万的粉丝，每天有近 300 个来自微信的订单。

微信改变了酒店营销模式。从最初的酒店销售业务人员通过打电话、上门拜访做营销，到互联网出现后以携程、艺龙等为代表的酒店第三方在线旅行服务代理商（Online Travel Agency，OTA）网络营销模式，再到现在移动互联网时代的微信营销，每一次技术的进步都会给创业者带来全新的营销模式。创业者可以先从家庭旅馆、公寓、日租、短租这样的小规模旅馆业务做起，一步步地做大、做强，利用微信的精准营销推广线下活动，让自己的微信页面内容丰富、有趣，这样就一定有机会获得像布丁酒店那样的成功。

二、饮食类：乐外卖

"乐外卖"的创始人张洋在校时就想创业，只是一直没有机会。2013 年 4 月，张洋听了一个关于微信公众号的讲座受到启发，他想到了外卖，觉得用微信来点外卖会是一件很方便的事情。说做就做，从 2013 年 4 月份开始，张洋用三个月的业余时间开发了名为"乐外卖"的微信点餐系统，使用乐外卖的商家可以基于微信公众账号建立一个点餐系统，顾客用微信轻轻"扫一扫"就能点餐。此外，店家可以在微信上设立"店铺"，消费者只需关注店家的微信公众账号就可浏览商品与店家的信息，并轻松下单。店家可以通过通用分组天线服务（GPRS）无线打印机、商家版 APP、短信、邮件、微信等多种方式即时查看订单，并为顾客提供相应的服务。

乐外卖目前的商业模式主要是通过销售产品来向商家收取服务费，即通过向商户收费实现了持续盈利。2014 年 6 月，乐外卖已有 18000 多家商家，覆盖用户人数达 150 万。

在美食品牌系列中，标准化的产品价格促销体系是饮食行业微信应用的前提。锁定固定消费群并向其推送线下服务及各种优惠活动，同时以增加店面数量和店面分布的手段，最终实现饮食类微信营销的真正价值。

三、微信电商：美肤汇

2012 年 11 月，微信平台迎来了第一家与其合作的电商网站——美肤汇。美肤汇的公众账号是美肤汇与微信深度合作的微购物页面。平台每日都推送美容护肤信息，而且只要用户关注了这一账号，就会收到一条链接，点击后，页面自动跳转至一个购物页面，用户不用离开微信，就可以实现下单。下单成功后，用户会收到美肤汇客服的确认电话，货到付款。

此外，美肤汇为其微信会员提供了一份面膜和眼膜礼品，登录其网站，输入"兑换key"即可领取。在这个环节里，微信的作用仅仅是下发"兑换key"，并未与美肤汇网站实现直接的联通。这种设定方式可能是为了给网站导流，获得更多的注册用户。

微信电商和传统电商的根本区别在于，微信电商是基于通信的点对点模式，而传统电商则是基于媒体的点对面模式。与传统电商相比，微信电商的运营成本更低，工作效率也更高，对市场的反应也更快。创业电商可以通过微信的公众平台准确掌握买家的喜好，然后制定更精确的电商决策，降低风险，提高效益。

四、汽车服务：汽车保有量过亿背后的商机

"微信路况"是车托帮（北京）移动科技有限公司旗下的产品，可以帮助微信用户查询交通信息。它是一个人工智能交通服务平台，拥有云端数据库，能解答交通问题。该服务是由车托帮（北京）移动科技有限公司提供的，主要的服务范围实时路况查询、车辆违章记录查询、电子狗功能以及趣味聊天等，只要在微信对话框输入文字就可以使用该服务。

"微信路况"最初主要用来提供免费的实时路况查询服务。2013年交通规则实施之际，"微信路况"特别新增车辆违章记录查询功能，发送信息即可获取车辆的违章记录；使用"微信路况"电子狗功能时，只要"微信路况"处于打开状态，行车过程中即可帮用户自动监视电子眼，提示语音自动播；此外，微信路况还设置了娱乐内容，如唱歌、跳舞、笑话等。

根据国家统计局发布的《中华人民共和国2013年国民经济和社会发展统计公报》，全国民用汽车保有量达到13741万辆（包括三轮汽车和低速货车1058万辆），比上年末增长13.7%，其中私人汽车保有量10892万辆，增长17%。民用轿车保有量7126万辆，增长19%，其中私人轿车6410万辆，增长20.8%。这样一个庞大的市场给汽车服务行业提供了巨大的市场，微信路况只是一个比较典型的例子，如果创业者有关于汽车服务的好想法，不妨通过微信这个平台大胆尝试。

五、婚恋介绍："微诚勿扰"

在传统婚恋网站大行其道的年代，创业者开始在微信平台上充当起了"红娘"，赚取"媒人费"。28岁的山东青年小陈能成功牵手另一半，正是得益于微信公众号"微诚勿扰"。用户向"微诚勿扰"提交个人资料后，可通过发送关键词获得交友信息。"微诚勿扰"通过线下活动费来运营，如线下举办的深圳交友派对，将对参与者收取百元以内的活动费。

微信本身的精准营销注定了婚恋行业可以利用它来大展拳脚，拥有红娘团队、线上互动能力和数据库资源的网站，再依靠微信的知名度和专业化服务，一定会冲进一线品牌行列。

六、法律服务：更简单、更高效

"微法律"是微信平台上第一个法律类公众账号，自 2012 年 10 月开始运营以来，已积累超过 5 万的粉丝。除每日推送相关的法律文章之外，在微法律的公众账号背后，每天会有 30 名专注于不同领域的律师分时段轮流值班，日回复用户咨询逾千条。同时，用户也可以从该公众账号里直接下载相关法律文档。

随着微信这一应用的诞生，法律服务也通过微信这一传播方式变得更简单、更高效。用户可以在微信上直接咨询，而"微法律"平台上的律师会予以免费解答。

微信上的创业平台很多，在找准创业方向前，创业者必须做好准备工作，多研究行业特点和微博营销手段，抓住成功案例背后的实质，才能让微信创业更顺利，获得更高的经济效益。

第五节 利用微信赚钱的途径

微信的出现给创业者、媒体、移动互联网行业者等带来了无尽的发展空间。很多人都在考虑如何才能利用微信赚钱，现在开微店、卖代购产品的用户很多，但其实通过微信赚钱的方式远远不止这些。微信的个性化增值服务和应用开发平台等，都给予了我们创造利润的途径。

一、插件：微信个性化增值服务

如果用户只是通过微信平台自身携带的功能来做微信营销，那么难免会束缚住自己的手脚。实际上，微信还有很多增值服务，微信插件就是其中之一。

微信通过安装不同的插件可以给用户提供丰富的附加功能，让我们可以打造属于自己的个性化微信。通过安装各种插件，我们可以实现聊天增强、搜寻朋友、新闻阅读、社交娱乐等很多附加功能，让微信跳出聊天软件的局限，拥有更广阔的应用空间。创业者不妨试试利用插件来推广自己的品牌或者产品。

（一）微信表情大全

借助微信平台开发的微信表情大全，商家可以利用开发微信表情获得品牌推广和应用，如果是原创收费表情还可以直接通过下载量获得利润。微信表情大全的操作过程并不烦琐，用户在打开该应用后，既可看到它带来的众多表情分类，同时，还可通过应用在导航条最右侧的"更多"功能继续添加更多的微信表情。

（二）热门短信大全

热门短信大全是一款收集最热门短信的移动客户端，内容保持实时更新，方便用户随时浏览新鲜的短信内容。

热门短信支持微信分享功能，用户可以把自己喜欢的短信内容分享给微信好友。"热门短信"提供了"最新""排行""分类""收藏"等功能，通过该应用的"最新"功能，用户可查看由"热门短信"收集的有趣短信，并且软件还提供了"短信""群发""微信""微博"四种分享途径，用户可以直接把有趣的短信分享至微信平台上。

（三）微信变声器

微信变声器是一款集变声、录音和音效播放于一身的搞怪变声软件，可以通过微信用户的语音交流发送变声音频，增强了语音播放效果。微信变声器操作简单，软件还可以自定义音效，完全满足用户 DIY（指自己动手做）的需要。

（四）伪装地理位置

通过伪装地理位置这一功能可以修改用户微信所在的地理位置，用户可以在地图上将任何地方设置为微信所在的位置，利用微信营销时就不会再受自己当前所在区域的限制，极大地拓展了用户群的空间范围。

二、应用开放平台

微信应用开放平台为第三方移动程序提供接口，使用户可将第三方程序的内容发布给好友或分享至朋友圈，第三方内容借助微信平台获得更广泛的传播，从而形成一种主流的线上线下微信互动营销方式。

2012 年，绿狗网公司开会商讨 APP 上线事宜，眼看会场上大家争执不下，绿狗网独立董事、原赶集网副总裁王振华给出了一个建议：暂停成本较高的 APP 开发，转而用微信应用开放平台来提供法律咨询服务。随后，绿狗网的"随时问律师"微信应用平台迅速面世，并在 3 个月内获得了 2.6 万名粉丝，每天平均增加粉丝数 300 多个，每日咨询量超过 1400 次。

微信用户的热度可以有效提升应用平台的粉丝关注度。"随时问律师"应用平台的成功在于，与网上咨询或者线下与律师咨询相比，微信一对一的私密沟通方式让用户不再担心隐私问题。

"对爱"是一款基于移动互联网的婚恋网站，其在成立之初，公司管理层在运营上一直疲于追赶世纪佳缘、百合网等大型婚恋网站的步伐。2013 年，"对爱"开始使用微信应用开放平台，因其模式独特，迅速获得了大量媒体的曝光，上线第一周就收获了 2 万名粉丝，每天都要收到用户发来的几万条交友查询信息。

在中国，婚恋问题从未像今天这样被高度聚焦关注，"剩男""剩女"早已成为当下的流行词。目前，婚恋交友网站同质化竞争严重，而细分市场被认为开拓空间巨大，细分市场已成为各家婚恋网站不得不涉足的领域。微信与传统婚恋网站的区别在于，婚恋网站会给用户提供更直接的择偶用户关注的信息，如对方的收入、身高、体重等，而现在有相当数量的用户并不想提供这些详细信息，而微信这种移动互联网社交应用则不必让每位用户提供详细的收入信息和相貌特征。这是微信婚恋火起来的关键。

三、数据开放平台

数据开放平台上一个重要的创业方向就是微信游戏。腾讯微信平台的商业化步伐一直没有停止过，这点在微信游戏平台上可见一斑。比如，基于HTML5（第五次重大修改后的超文本标记语言）平台做的"手机网页游戏"微信公众账号每天都会出一款游戏，现在需要引导用户通过输入编号来选择游戏，如果是自定义菜单则直接选择喜欢的游戏即可。通过游戏的植入以及商家品牌搭配游戏的营销手段，微信游戏平台只会带着用户向前跑，丝毫不会放慢脚步。

"斑狸互动"游戏本是微信的一个应用开发平台，但它却自称是"宇宙首款微信RPC"（远程过程调用），逐渐从平台的推介内容上把自己变成了一个微信游戏。用户通过回复不同的章节进入不同的游戏环节，整个游戏如同一个寻宝的旅程，一步步引导用户探索新的奇遇。在改变后的几天里，这款游戏公众号迅速聚集了几万粉丝来争相体验游戏，而此时"斑狸互动"游戏的运营者便可以随心所欲地推广他们事先安插好的广告信息了。

曾有人预测，做微信网页小游戏的利润能跟制作一款游戏APP的利润相匹敌。通过把相同的社交游戏理念植入微信，或开放微信游戏平台让开发者做一些手机网页的小游戏，也会受到微信用户的青睐，一款游戏只要收获10%的付费率，就能够获得较高的利润。

微信是一个连接、开放和服务的平台，只有通过智慧的创造才能让用户实现连接一切的梦想。而除了以上几种途径外，微信还有更多的赚钱方式，等待着企业和商户去发现、去创新。

第六节 微信营销在于"F2F"

"F2F"是英文"Face to Face"的简称，是"面对面营销"的意思，即通过与目标群体面对面的沟通，了解客户群的需求，为客户提供个性化的营销服务。微信带来的F2F营销模式，可以跳过媒体渠道，直接进行宣传。品牌推广的企业对终端有直接的控制权和传播权，也在整体的推广中处于优势主导地位，远远地摆脱掉了中间服务商或者渠道推广商的控制，直接将自己的产品和企业品牌形象第一时间和最快速度展现给终端客户和消费者。

一、微信"F2F"的优势

微信之所以能成为 F2F 的营销方式，首先在于微信平台的独特性。微信平台是一个非常注重互动的平台，对于一个公众账号来说，其运行得是好是坏，完全取决于粉丝的活跃度和互动性。粉丝活跃度越高、互动性越强，就越能够证明微信平台具有高质量的用户接受度，所以其传播效果自然也不在话下。

其实微信是熟人之间"一对一"的沟通，微信给人的是一个互相信任的环境，公众账号的出现，注定了这一媒体属性的深度。相反，以传统媒体中的纸媒广告为例，纸媒的销量在于用户的订阅，也就是说这些用户是纸媒中广告的阅读者，媒体通过掌握这些订阅用户的信息，能确定大概的目标客户，投放相关广告，但是由于没有用户反馈的渠道，对于广告的效果、用户的想法企业不得而知，这些广告是否真正有效地传达了信息也不得而知；或者用户在看了广告之后，想要购买产品，却又不知道确切的购买渠道，就实现不了面对面的沟通。再以传统媒体中的电视为例，电视上的广告投放量大，但针对性小，不能确定看广告的人数，更不能确定看广告的人，所以企业想做到与客户面对面地沟通，了解他们的想法就更难了。同时，随着人们对传统媒体信任度的逐步降低，F2F 营销已经很难在传统媒体上实现。

与传统媒体不同，微信完全可以实现 F2F 模式营销。通过企业微信公众账号，用户可以主动关注企业，并对企业的产品产生兴趣，成为企业的现实消费者或潜在消费者，而企业的推送信息可以随时随地到达用户手中，用户看到企业发送的信息后，可以直接通过微信发送文字或者语音表达他对推送信息的看法，企业可以以此获得最精确的反馈。如果企业推送的是产品介绍信息，用户想购买就可以直接发送购买指令给企业公众账号；如果用户想退货，可以发送信息给企业，就能直接退订；如果用户对产品十分满意，还可以通过微信发送消息给企业，对产品给予最直接的评价。通过微信，企业对用户的数据一目了然，可以掌握用户的微信号，甚至用户的个人信息，也可以直接对准消费者，得知他们的需求，这些营销方式都是在传统的平台上不能简单实现的。

二、"F2F"模式使企业与消费者直接进行沟通

得消费者得天下，在产品同质化严重的今天，对于很多企业来说，成功的关键不在于产品质量和品牌形象，而是能建立与消费者进行有效的沟通机制。毕竟企业所设定的产品定位、品牌战略、市场战略等，最终就是为了占领市场，赢得消费者。只有消费者购买了产品，企业才能获得利润，才能产生源源不断的动力。

对于传统的沟通机制中客户调研及意见的收集反馈、舆情监测等，更多的企业依赖于第三方或者组织外派专人来负责，往往花费很多的精力去设计问卷或者调查取样。这种做法成本高，数据可靠性低，反馈结果受到沟通方式和手段的影响。

而微信带来的"F2F"模式（新概念营销模式的一种，指从家庭或者个体到厂家的直销模式），可以帮助企业跳过第三方机构，直接与用户进行沟通，第一时间收集用户反馈，抑或对用户的言论等进行监测。

万科是国内知名的房地产企业，从 2012 年起，他们就开始着手布局移动互联网，各地方分公司都相继开通了微信公众账号，广州万科就是其中之一。为了达到时时与业主近距离沟通的目的，广州万科微信公众账号在设计上有以下几大亮点。

①只有认证业主才能使用相关功能。对于微信平台提供的部分功能，如报修、房产证查询需要进行业主身份认证，只有通过认证的用户才可以使用对应功能，同时所有用户都可以通过微信注册成为会员。

②基于房间主动报修、投诉。业主可以通过微信对自己的房屋进行在线报修和投诉。

③特别的信息给特别的业主。能够根据业主绑定的项目进行有针对性的消息推送，如项目的施工进展和社区活动只推送给对应项目的业主。

④支持业主二次营销。能够通过微信服务平台对老业主的房产进行二次营销，或者借助老业主进行营销信息的传播。

⑤提供更多自助服务。在业主使用微信服务平台的时候，尽可能让业主实现自助服务，如在线查询会员积分，在线进行房屋问题的报修及查询报修进度等。

微信的移动性、随时随地接收反馈的特性、一对一的沟通特性，尤其是企业公众账号的出现，将精准服务变为可能。微信是真正意义的 F2F 营销，通过企业公众账号，用户数据一目了然，而移动互联网客户端的特性决定了企业的信息能随时随地到达用户手中，企业可以准确了解自己的用户，也可以直接与用户进行沟通，进行交易。

第五章　移动互联网营销的发展

移动互联网从无到有，经历了一个快速发展的过程。我们可以回想一下，手机在刚刚普及的时候，还不具备上网功能，我们每日所收到的"垃圾短信"和"广告推销"，就是最笨拙的移动互联网营销。由于技术的局限性以及鲜少人熟悉"O2O"模式的理念，推广宣传虽然以移动设备为载体，但其实质还是传统营销模式的延续。而随着移动终端设备的普及和微博、微信、APP 的广泛应用，企业的营销观念也发生了根本性的改变，求互动、求分享、求创意的移动互联营销网手段也变得更加丰富多彩。

第一节　制霸商场，营销为王

面对移动互联网时代，很多人慌了手脚，不知道从何着手。其实移动互联网营销并不复杂，它所依托的依然是客户心理。传统营销模式虽然已经落伍，但一些营销策略和手段在移动互联网营销中依然适用，只需要我们花点心思，只是以"旧坛酿新酒"罢了。

一、"两电一网"营销

"两电一网"是移动互联网营销发展之前企业常用的营销手段。"两电"指的是电视（电影）广告营销和电话营销，"一网"指的是网络营销。这三种营销手段如今已经被运用得相当成熟，虽然拓展空间有限，但对今天的企业来讲，依然有实行的必要性。拓展营销空间的方式有很多，其中一条路径就是多种营销手段的配合，"两电一网"的营销手段也会为企业带来巨大的商机。

若问 2013 年流行的娱乐节目，除了《中国好声音》之外，莫过于横空出世的《爸爸去哪儿》了。与之前不少娱乐节目在开播前大力宣传不同，《爸爸去哪儿》在开播前很少有人知道，但在 2013 年的 10 月 11 日，第一集开播，《爸爸去哪儿》在社交网络上的讨论量直线上升，许多观看了这档节目的观众开始跑到社交网络上给它以好评，很多人看到这些好评后便去主动搜索，然后观看网络版。再加上"明星爸爸"们在微博上不断曝出的节目花絮，《爸爸去哪儿》的收视率由开播时的 1.45% 飙升至 5.21%。

从《爸爸去哪儿》所取得的成功可以看出，传统的营销手段并非"廉颇老矣"，电视广告、名人效应配合互联网的"病毒式"传播依然可以带来较好的营销效果。其中关键在于多种营销手段的灵活运用，还要注意应用的时机和方式：在《爸爸去哪儿》营销案例中，投资方并没有选择在节目开播前大张旗鼓地宣传，而是在节目开播一段时间后才开始在社交网络上推广，此后，在节目每星期更新中的空档，名人微博宣传的发酵使节目的受欢迎程度持续居高不下，最终获得了不俗的成绩。

在多种营销手段配合方面，《爸爸去哪儿》的投资方也没有忘记移动互联网这块"大蛋糕"，他们开发了一系列《爸爸去哪儿》的 APP 游戏，以角色扮演的形式让游戏玩家选择自己喜欢的父子，通过跑酷的方式历险。目前，仅在 360 手机助手第三方，《爸爸去哪儿》系列游戏就获得了 100 万次的下载量。

二、口碑营销

口碑营销可以被理解为"通过购买者以口口相传的方式将商品的有关信息传递给购买者的家人、朋友和在工作与生活中交往的人，从而促使其购买决策形成的一种营销方式"，即凡是以口碑传播为途径的营销方式，都可称之为"口碑营销"。

"水煮鱼皇后"原名李叶，是浙江树人大学学生。高三时，李叶用平时积攒的零花钱开始拿货，在淘宝网上做起了掌柜，主营韩版女式卫衣、外套、小西装、格子衫等。2007年年底参加淘宝网的活动，自创短剧《水煮鱼的淘气生活——带你走进一个淘宝女生的真实生活》以清纯的外形、风趣幽默的故事一夜之间迅速在各大网络上蹿红。

李叶年纪轻轻，月收入两万，可谓集美貌、智慧、财富于一身，被称为"淘宝第一美女"，这样的定位诱发了全方位的口碑。酷六网等多家媒体纷纷邀请"水煮鱼皇后"做专访报道；土豆网、新浪播客还邀请"水煮鱼皇后"参加 2007 年的新春节目；更有一群粉丝为她维护着百度个人贴吧。"淘宝第一美女"甚至可以称得上淘宝网的品牌形象符号，吸引更多的买家、卖家涌入淘宝网进行交易。

"水煮鱼皇后"以励志的形象脱颖而出，美誉度、品牌度、知名度兼收，淘宝网因为她而涌入了更多的商户和消费者，这就是口碑营销最典型的案例。

从"水煮鱼皇后"的例子中我们可以看出，口碑营销是以满足顾客需求，赢得顾客满意和顾客忠诚，与顾客建立起良好的关系，以及提高企业和品牌形象为目标的营销手段。口碑营销通过吸引消费者、媒体以及大众自发性的注意，使之主动谈论，并且在谈论的基础上，不断地向外界散播这个产品良好的声誉，以产生一种良好效果。

在移动互联网营销时代，口碑营销依然发挥着非常重要的作用。在移动互联网发展的过程中，我们则看到了很多的案例，也产生了很多的疑问，那就是如何有效地照顾好企业的顾客或微信粉丝。移动互联网的个性化特点使得更多人了解了其他人的体验，无论用户之间是否认识，用户之间的评论和分享对于一项服务或产品来说都非常重要。这时候往往出现所谓的"脱媒现象"，即企业和营销者被排除在外，消费者更愿意倾听朋友的建议来决定是否购买，在这样的趋势下，口碑营销这种营销手段就显得更加重要。

招商银行微信平台曾策划了一个"爱心漂流瓶"的用户互动活动，微信用户用微信中的"漂流瓶"或"摇一摇"功能找朋友，就会看到"招商银行点亮蓝灯"活动，只要用户参与或关注这项活动，招商银行便会通过"小积分、微慈善"平台为自闭症儿童捐赠积分。和招商银行进行简单的互动就可以贡献自己的一份爱心，这种既简单又可以做善事的活动，短时间内为招商银行带来众多的粉丝，一时间几十万人都在朋友圈中分享了本次活动。

招商银行策划的这种简单的公益慈善活动本身在微信这种流行分享和转发"正能量"的朋友圈中就非常具有吸引力。通过公益慈善活动赢得关注，进而赢得口碑的例子，在移动互联网营销中比比皆是。

三、体验营销

美国哥伦比亚商学院国际品牌管理中心创立者兼主任伯德·施密特在他所著的《体验式营销》一书中指出，体验营销是从消费者的感官（Seme）、情感（Feel）、思考（Think）、行动（Act）、关联（Relate）五个方面重新定义、设计营销的思考方式。此种思考方式突破传统"理性消费者"的假设，认为消费者消费时是理性与感性兼具的，消费者在消费前、消费时、消费后的体验，才是研究消费者行为与企业品牌经营的关键。一种好的活动是上述五种体验的结合，五种体验的结合才是一个完整的体验，这样对于消费者来说，每次营销活动都是一次难忘的经历。

现代营销理念强调客户的忠诚度，然而要维护客户的忠诚度，只有产品和服务是远远不够的，企业只有为客户造就难忘的体验，才会赢得用户的忠诚，维持企业长远发展。

企业要有效地推行体验营销，就要对"体验"和"体验营销"有全面、系统的认识。体验就是通过实践来认识周围的事物，亲身经历。只有当企业以商品为道具，以服务为舞台引来客户的时候，体验才得以产生。

苹果公司的电子产品在全球所取得的巨大成功与其推行的体验营销策略是分不开的。苹果公司的体验营销分为以下两方面。

第一，轻松愉快的体验环境设计。苹果公司在全球范围开设专门体验店，店铺在颜色和外观设计上都和苹果产品相辅相成。在苹果体验店中以消费者为中心的体验环境设计使消费者更加轻松、愉快、全面地了解、认识产品，使成交变得简单有效，使直销也变得更轻松。

第二，创新的产品设计和丰富的产品体验。苹果公司开设的体验店里囊括了苹果公司全系列的产品，包括了苹果台式电脑、苹果笔记本电脑、iPad平板电脑、iPhone手机、iTouch、iPod音乐播放器等，顾客能够直接接触、使用这些产品，了解产品的功能和特性，使他们能够更加容易接受苹果的产品。

苹果公司的体验营销反映出体验营销在提高顾客的忠诚度方面发挥的重要作用。在执行体验营销的过程中，必须树立这样的观念：首先，体验营销应当以顾客需求为导向，站在顾客的立场上看待自己的产品或者服务，以此来了解顾客的需求，力求感动顾客；其次，体验营销应以沟通为手段，关注顾客的个性；最后，体验营销应当以满足顾客的需求为目标，注重顾客的主动参与。

移动互联网营销应该更加注重用户的体验，基于手机等移动终端开展的移动互联网营销具备互联网营销所不具备的位置化、即时交互性、天然社交化特色，是提升用户体验的重要方式。

上海通用汽车公司曾为推广他们的紧凑型 SUV（运动型多用途汽车）——别克昂科拉（Encore），特别打造了一款《Encore 全城大搜藏》的 APP 游戏。这款 APP 游戏集合手机互联网游戏的特性，将产品特性和目标群体的特征相结合，使目标人群在玩游戏的过程中了解别克昂科拉活跃、个性、时尚的年轻魅力。

这款 APP 游戏一问世就在全国 16 座大中城市流行起来，在用户体验这款游戏的同时，上海通用汽车公司又推出新活动，在游戏中单次成功藏车时间最长者将获得一辆别克昂科拉两年的使用权。

上海通用汽车公司的这种通过 APP 来让消费者进行免费体验的方式，让用户以 APP 游戏的形式来体验产品，使得产品的经济价值不完全取决于产品本身，其附加价值——为用户提供的服务和体验更具有决定作用。

需要强调的是，企业在实行体验式营销后，还要对前期的运作进行评估，如营销效果如何；顾客是否满意；是否让顾客的风险得到了提前释放；释放的风险是否转移到了企业自身，转移了多少，企业能否承受，等等。通过对这些方面的审查和判断，企业可以了解前期的执行情况，并可重新修正运作的方式与流程，以便进入下一轮的运作。

无论是"两电一网"营销，还是口碑营销和体验营销，在以前的关键词当中，产品、服务、用户都非常重要，而在移动互联网时代，"用户"这个词被突出了，用户的感受、用户的体验、用户的创意和互动，直接关系着营销活动的成败。在移动互联网时代，只有多花些心思，多卖些创意，才能成为营销的王者。

第二节　抢占头条：事件营销

事件营销是企业通过策划一些具有社会价值的新闻以及利用名人效应将受众的目光吸引到营销产品上来，以提升企业产品的美誉度，制造有影响力的品牌效应，最终赢得消费者的信赖，促进商品成交的营销策略。事件营销最明显的好处就是爆发力强，受众面广，能够在最短的时间内达到最好的产品营销效果，为企业带来可观的经济回报。

一、新西兰旅游局：争相"爆料"成焦点

中国每年出境游的游客人数已经超过 1 亿人次，未来 5 年，预计达到 5 亿人次。面对潜在的市场，什么营销策略才能吸引更多游客？几年前，新西兰旅游局选择事件营销手段，独辟蹊径，屡试不爽。

中国女演员姚晨大婚，是新西兰旅游局第一次大胆尝试用事件营销的策略吸引中国游客。2012 年 11 月 17 日，姚晨和曹郁在新西兰南岛旅游名城昆斯敦一所教堂举行婚礼。那一次，新西兰旅游局赚得满堂彩，姚晨微博的千万名粉丝和国内各大媒体娱乐版铺天盖地的各种报道促进了新西兰旅游业的发展。

随后一年，《非诚勿扰》《中国好声音》接连登陆新西兰。随之而来的是，中国成为新西兰第二大客源国，新西兰也迎来更多把其作为单独目的地国的中国游客。

另外一个成功的事件营销是在中国非常火爆的娱乐节目《爸爸去哪儿》。《爸爸去哪儿》在新西兰取景摄制成为华人圈的一大新闻，华人网站、报纸、微信公众号都在不断向大众提供各种"爆料"，各路网友也加入爆料大军，而且民间"记者"水平似乎并不亚于正牌娱记。

二、联想集团"看家宝"：利用"思乡体"引共鸣

"看家宝"是联想集团推出的一款基于云端存储的视频服务，为了推广这一新产品，联想集团"看家宝"精心策划了一场"春运思乡体"的营销事件。

一年一度的春运是每个国人关心的话题，谁不想常回家看看？但一张小小的车票让异乡人与家的距离显得那么遥远。背井离乡在外打工的人们归家心切，在外漂泊一年的辛酸苦辣都浓缩成了那一句内心深处的思乡话语。联想集团成功利用"思念的距离"这个创意话题，同时打造了易于传播的"思乡体"句式，通过这一事件营销策略引发共鸣。

2014 年 1 月 15 日，新浪微博率先发起"思念的距离"话题活动，作为此次推广的重点，联想集团官方微博大力传播，再加上很多明星也纷纷参加活动，撰写"思乡体"，让"思念的距离"这一话题快速扩散，各种"思乡体"句式层出不穷，将"思念的距离"话题讨论推向高潮，并迅速登上微博热门话题榜，再一次增强了活动的自媒体影响力。

三、事件营销的种类

（一）热点事件营销

热点事件营销是最容易引起轰动的营销方式，其借助社会热点广泛地进行互联网信息传播。热点事件营销应该注意所借用的热点事件性质，即应该利用"正能量"事件，如博鳌亚洲论坛的召开，让海南琼海的"最美笑脸"走红。通过感人事迹凝聚正能量，成为人

们精神世界支柱的一部分。

（二）节日事件营销

节日事件营销是最为广泛也是最为容易利用的营销方式，节日营销的关键点是情感传递。比如，在"母亲节"进行节日营销的时候，要与母爱结合起来。而且进行这种类型的节日营销，前提是确定自己企业或产品的消费群体，然后结合消费者群体所属年代的特点进行营销，这样能够起到事半功倍的作用。

（三）活动事件营销

活动事件营销一般而言是自我策划的活动。活动营销的最大特点就是人群针对性极强，根据自身所针对客户的喜好进行策划活动。例如，在某赛车比赛中，企业就能策划一起与该活动相关的送门票活动，只要转发就有机会获得门票，如此简单的抽奖相信许多人都会参与。

四、事件营销成功的关键要素

（一）重要性

事件的重要性是指事件内容的重要程度。判断内容重要与否主要看其对社会产生影响的程度。一般来说，一则内容对越多的人产生越大的影响，其新闻价值就越大。

（二）接近性

越是心理上、利益上和地理上与受众接近和相关的事实，事件本身的传播价值越大。其中，心理接近包含职业、年龄、性别等因素。一般人对自己的出生地、居住地和曾经给自己留下过美好记忆的地方总怀有一种特殊的依恋情感，所以在策划事件营销时必须关注受众的特点。通常来说，事件关联的点越集中，就越能引起人们的注意。

（三）显著性

事件中的人物、地点和事件的知名度越高，新闻价值也越大。国家元首、政府要人、知名人士、历史名城、古迹胜地往往都是出新闻的地方。

（四）趣味性

大多数受众对新奇、有人情味的东西比较感兴趣。有人认为，人类本身就有天生的好奇心或者称之为"新闻欲"的本能。策划事件营销时一定要注意题材的新奇度和共鸣度。

事件营销旨在透过对事件的聚焦，让消费者提升对企业的关注度，通俗地说，就是借势。事件营销并非利用事件带动消费，而是随着事件的发展和传播，让消费者通过对事件的关心，联想到企业的产品和服务，从而间接带动企业的市场发展。

第三节　从传统商务模式到电子商务模式的转变

要弄懂移动互联网营销，首先要理解现代商务模式所发生的改变，即从传统商务模式到电子商务模式的转变。在电子商务模式中，没有供货方，也没有批发商，它们的角色已经合而为一，而且虽然每个产品都没有明显的销售渠道，但商机却无处不在，这让电子商务模式代替传统商务模式的趋势成了必然。

一、营销讲究的是一步到位

今天的互联网营销早已不同于往日，传统的商务模式早已在电子商务的强烈冲击下遭遇生存危机。电子商务何以具有如此强大的威力？电子商务为什么会优于传统商业模式呢？原因就在于电子商务模式具有一步到位的特点。

从传统商务模式到电子商务模式的转变，首先体现在流通环节的减少上。流通环节的减少，必然带来生产者经营成本的降低，进而使商品价格下降，最终的结果是消费水平的大幅度提高。

"驴妈妈"旅游网成立之初，就以自助游服务商的身份进行市场定位，以景区票务为切入点，融合景区精准营销和网络分销的需求，使景区以"零投入"的方式拥有了自己的门票网上预订平台。

旅游电子商务快速发展，"驴妈妈"旅游网后来居上，截至 2013 年约有 5000 个旅游景区和 5000 家特色酒店加盟"驴妈妈"。"驴妈妈"所提供的产品不仅有景区门票，而且包含"景区＋酒店的自由行产品""旅游团购""国内游"、精品酒店等多品类产品。

"驴妈妈"之所以能仅用 3 年时间就成为中国领先的新型旅游电子商务网站，主要取决于它将个性化服务进行低成本运作。"驴妈妈"在网上发售电子门票，实现了零物流。这不仅节省了纸张和能源，还大大地提高了工作效率，同时也为消费者提供了更好的消费体验。游客只要在"驴妈妈"平台上预定旅游产品，就会收到一条手机短消息，客户根据这个含有二维码的手机短信，就能顺利地通过景区"驴妈妈"的专用通道，实现数字化通关。

"驴妈妈"的成功体现的是电子商务蕴含的巨大潜力和商机。"驴妈妈"的商业模式是以网上点评和攻略吸引大量人气，以低价景区门票分销为切入点，提高用户从网友到"驴友"的转换率，撬动景区、酒店、饮食等旅游相关产品的消费，并从中分享收益。

二、重新定义顾客价值

要完成从传统商务模式到电子商务的转变，首先要重新定义顾客的价值。过去的创新集中体现在技术创新和产品创新两方面，而今天，商业模式的创新与技术和产品的创新一样重要。电子商务模式可以通过细分市场重组流通渠道，以新技术为手段创造新的市场，把人们潜在的需求转化为现实的需求。

每年，全球的"果粉"们都盼望新型苹果手机（iPhone）的面世，在网上讨论不断，甚至有人自称有新型 iPhone 的设计方案。但直到发布当日，人们才最终看到了 iPhonc 的真实面目，几乎所有人都猜中了它叫 iPhone，但几乎所有人都没有猜中它的造型，更为它的各种性能惊叹。

反观诺基亚，其对手机软件的选择还停留在操作和实用功能的价值上，诺基亚没有意识到小众化时代的到来，意味着企业只能原地踏步。

苹果的这种做法正是重新定义了顾客价值，把娱乐文化融入新产品当中。让顾客能够以最低的成本来持有企业所提供的产品，就如 iPhone 的理念一样——"革命性的产品，令人意想不到的价格"，苹果凭借这样的理念，将诺基亚赶下了手机领域第一的位置。

三、坚持人才创业的理念

人才是商业模式创新的基础。成功的商业模式往往不可复制。而人才才是企业获得市场竞争优势的关键所在。电子商务模式依靠人才提供的商业创意而得以发展。很多企业都认为现在最稀缺、最宝贵的是"懂技术、懂管理、懂市场"的"三懂"人才。现在，大多数成长型企业都在培养和收集懂得电子商业模式的人才，这是企业发展和创新的需要。

阿里巴巴成为全球电子商务的领导者，和马云的人才战略是分不开的。

2007 年，阿里巴巴上市仅一个半月，马云就实施了一次在阿里巴巴历史上最具震荡力的人事大调整。彼时的阿里集团正处于从创业阶段向规范的上市公司过渡期。马云的举措既能够避免伤害个人，也有利于完成阿里巴巴创始人向职业经理人的转变。

马云对阿里巴巴的"私有化"，是执行电子商务人才战略的有力举措。放手让懂得新型营销模式的人才大胆尝试，会让企业充满创新力，也能激励更多有潜力的员工，让他们懂得：只要有能力，敢创新，企业就会重用。电子商务模式的灵活性和人才运用的灵活性是密不可分的。

从整个社会的经济运行这个角度来讲，电子商务模式具有长远的价值和意义。电子商务改变了传统生活方式，方便了人们购物、销售、结算和生意人之间的经济往来，使得我们获得各种产品及服务的速度大大加快，丰富性也大大增加，电子商务模式为日后的移动互联网时代敞开了一扇窗。

第四节　制定移动互联网营销战略

了解现代互联网营销模式的转变，可以让我们更加了解移动互联网营销发展壮大的必然性。实事求是地说，现代企业要做强做大，已经离不开移动互联网营销这个关键环节了。面对庞大的移动终端用户群体，企业应根据移动互联网的特点，充分利用移动互联网的方式，积极开展营销活动，创造更好的营销效益。那么，企业又该如何制定移动互联网营销战略呢？

一、营销信息传播战略

移动互联网突破了空间的限制，利用用户在移动设备上花费的碎片化时间，可以实现营销信息的实时性传播，基本做到即时发布和接收。目前常用的移动互联网营销信息传播的形式是"微信＋二维码"或"微信＋微博"。企业应该综合应用上述形式来推销自己的品牌和产品，打造移动互联网的良好口碑。

一般来说，微信营销都是和二维码结合在一起的。微信的"扫一扫"功能也是对二维码营销的一种直接体现。

以微信会员卡为例，深圳某大型商城推出"开启微信会员卡"活动，微信用户只要使用微信扫描该商城专属二维码，就可免费获得该商城手机会员卡，凭此享受该商城内多家商户优惠特权。

在微信和二维码的结合营销中，用户只需用手机扫描商家独有的二维码，就能获得一张存储于微信中的电子会员卡，可享受商家提供的会员折扣和服务。企业可以设定自己品牌的二维码，用折扣和优惠来吸引用户关注，开拓全新的营销模式。

微博和微信同作为营销平台，每个粉丝都是潜在的营销对象。微博和微信在营销方面各有优势和劣势，企业进行双方面的结合式营销，正好可以弥补二者的不足，实现二者优势互补。

从传播内容来看，微博是一个浅社交平台，更具备媒体特性，信息相似度高，同质化非常严重；而微信更具有"朋友圈"的特性，是个深社交的平台，用户发布的内容没有限制，单条内容更具价值，用户双方必须同时同意才能加为好友，这样就形成了非常强的关系。微信首先通过"朋友圈"里的强关系向外扩散，由各种强关系所组成的强关系链条形成后，可以大大增加粉丝增长的概率。

2013 年 7 月，"360 自媒体百科"上线，它包括数千个新浪微博与腾讯微信平台上的知名自媒体及"大号"，同一账号下整合了来自微博及微信的主要内容，且定时更新。

"360 自媒体百科"按照账号内容或属性分类（如段子、美食、鸡汤等）罗列，账号可通过搜索直达相关页面。

点击"360自媒体百科"内其中一个账号，其不仅包括了百科介绍，还整合了同一账号微博及微信的主要文字及图片内容，且定时更新。

"360自媒体百科"还包括微信小工具板块，将微信上常用工具类软件作为集合，每个工具页面内包含百科介绍、基本功能及试用体验。

在"360自媒体百科"上线一年多的时间里，已经有65家国内机构与之合作，涵盖超过200种行业，百科词条贡献率超过1000万条。

"360自媒体百科"融合了微信和微博元素，具有二者的营销优势，同时吸引了大量微博用户和微信用户，成为微博和微信结合营销的典型案例。

二、产品和品牌战略

企业在设计移动互联网营销模式的过程中，应使信息产品的内容、形式与消费者的兴趣、要求相符或相近，然后把指定的营销信息发送给目标消费者，让目标消费者主动加入营销的互动中。

耐克公司通过开发"Nike+GPS"这种可追踪用户行程的时尚APP来提高品牌曝光率。同样，箭牌公司与微信展开合作，消费者只要用微信"扫一扫"绿箭口香糖任一款商品外包装上的条形码，即可进入箭牌公司组织的互动体验，获得箭牌公司赠送的奖品。这些举措不但可以让用户对品牌产生好感，而且在刺激用户购买欲望等方面的效能也不亚于条幅广告。

耐克公司和箭牌公司都是利用移动应用来提高自己品牌影响力的，在这个过程中，企业通过便捷的服务将自己的产品推向大众，让大众在选择产品时情不自禁地加入了企业传播的行列中，这种获得客户和发展客户并行的营销战略，可谓一举两得。

三、客户关系战略

移动互联网时代的消费者可以随时随地发表自己对某个事物的看法，因此，有远见的企业应利用移动互联网，尽可能地鼓励消费者进行即时反馈。便携的移动终端设备已经成为消费者行使其话语权的最佳平台。这是移动互联网时代维护客户关系的最重要战略：把营销话语权交给消费者。

免费提供最新电影、电视剧及动漫的环球影院利用短信回复平台来获得观众对电影预告片的评论和评分，即时的回复让影院更准确地了解观众对影片的反馈。

这种基于人与人之间的多向互动及信任的营销模式实现了信息共享及社会化关系链的传播，进一步增加营销收益。最终，企业可以凭借这种客户关系战略赢得属于自己的"终生客户"。

我们已经可以预见，移动互联网营销的蓬勃发展和宏伟蓝图给企业提供了一个无限的想象空间。面对庞大的用户群体，企业只有加紧筹划战略布局，才能在移动互联网时代赢得一席之地。

第五节　移动互联网营销面临的问题

和很多新生事物一样，移动互联网营销在发展过程中，不可避免地遇到很多问题，如在线支付、线下环境、隐私保护等问题不仅限制了移动互联网营销的应用和未来的发展，也阻碍了企业目标的实现。移动互联网营销是一个机遇，也是一个挑战。

一、在线支付的"先天不足"：支付安全问题

移动互联网中的在线支付是移动互联网营销能够迅速发展的关键环节和基础条件，但是在线支付仍然存在一定的缺点。

支付安全几乎是现在电子商务及移动互联网发展的瓶颈问题，它严重制约着移动互联网的发展，有很多传统消费者在权衡支付快捷性和安全问题之后，都放弃了在线支付。这虽然受限于传统消费者"一手交钱、一手交货"的思维，但是互联网在线支付频频发生安全问题事件，也是令在线支付失去大量使用者的原因之一，下面举例来说明。

淘宝网用户小葛为了购买灶具，给支付宝充值了600元，银行显示扣款成功，但支付宝里面却没有收到钱，随即小葛打电话问支付宝客服。原来是由于在之前浏览商品信息的过程中手机中了"木马"病毒，这笔钱被淘宝网的合作商家网龙公司旗下的91充值平台给截走了。通过银行的电子回单，小葛看到其支付的钱是支付到了支付宝上。小葛很疑惑，支付宝付款不是需要客户输入确认密码的吗？而客服却回答："91充值平台是支付宝合作商家，可以即时到账，不需要支付宝客户输入支付密码。"

像小葛一样被在线支付这样莫名其妙的漏洞"套了钱"遭受损失的，在在线支付方面已经有数万人，损失的金额也从几百元到几万元、十几万元不等。因此，移动互联网的在线支付首先应该把安全摆在重要的位置上，没有安全的保障，一切都无从谈起。

那么，怎么解决在线支付的安全问题呢？

首先，要堵上技术的漏洞。在在线支付的验证、支付过程中，在线支付应用软件缺乏有力的监督和制约，这一点应该在支付平台的后台解决。作为一个支付平台，在线支付应用软件的开发商有责任保护买卖双方的权益和资金安全。只有利用技术来对在线支付进行统一的管理和约束，才能使得网上支付能够顺畅运行。

其次，建立社会诚信体系。主要的办法：一是要严把关口；二是对开户的商户交易情况进行实时监控；三是研究规范网上支付市场规则，解决网上支付法律滞后和业务监管薄弱的问题。

最后，政府应该继续出台有关法律法规，健全网上银行等网上支付工具的法律保障体系。金融监管部门要对电子商务网上支付的发展给予高度重视，出台相关制度办法，加大监管力度，促进网上电子商务健康发展，确保在线支付的顺利进行。

二、移动互联网也会"塞车"

移动互联网的漏洞不仅影响企业与用户双方的支付安全，还会影响企业正常的工作效率。

IBM 最近推出了一则广告，形象地说明了"云漏洞"给企业造成的影响。广告中，解说者把云漏洞比喻成一只仓鼠，"想象一下，在本来已经十分拥挤的云数据流中，有一只仓鼠上蹿下跳，会产生什么后果？"这只仓鼠会极大地影响云服务的工作效率，让云服务延时，甚至瘫痪，导致数据无法查询，甚至导致数据丢失。

移动互联网的应用维护也是各类商家比较容易忽视的一个关键内容。很多商家不断地给其应用平台增加大量的信息，而系统漏洞很容易在大量信息缝隙中产生，从而引发数据安全问题，因此，在移动互联网营销的过程中也必须注重对系统的更新和维护。

三、线下服务后劲乏力

线下是移动互联网体验服务的载体和终端，没有良好的线下环境，商家就无法顺利实现本地化营销，消费者也难以维护自身的权益。

企业线下存在的问题主要表现为以下三个方面。

第一，虽然企业线上的营销宣传如火如荼，但是其覆盖地域不够广泛，企业无法让消费者真正实现就近消费，也无法满足消费者的个性化需求。

第二，很多企业和商家的交易环节及服务标准不够规范，会导致消费者维权困难，从而损害企业和商家的口碑。

第三，很多商家仍采取手写记账的方式，无法提供电子化管理的数据，难以实现与线上的无缝对接。

上述问题严重影响了线下服务的质量，也制约了移动互联网营销的整体发展。因此，企业只有认真思考如何在线下培育优质商家，整合各种资源，完善售后服务，才能发挥移动互联网营销的优势，实现线上线下双向对等的模式，互相促进，让买卖双方实现双赢，下面举例来说明。

"司机邦"是目前国内知名的查询类移动服务平台，能够为广大司机朋友适时提供汽车年检、违章查询等服务。"司机邦"在成立的很长一段时间内，都坚持自己团队面对面地接触用户，为用户提供服务。这让很多人都看不懂：这样的做法与传统的营销做法——上门服务有什么区别呢？建立移动服务平台还有什么必要呢？但是，"司机邦"仍然继续提供面对面的服务。公司要求每一个人都真正地为用户服务几次，因为"司机邦"的领导层知道,"司机邦"不能只是一个线上的中介系统或查询系统,它还应该是一个线下服务系统。而他们在维持服务人员数量不变的同时,也没有像其他人担心的那样入不敷出,而是获得了大量的赢利。

懂得服务,才能懂得移动互联网营销。"司机邦"的案例告诉我们,即使在今天,售后服务对于移动互联网营销来说也是必需的环节,没有了服务,移动互联网营销就只能如海市蜃楼一般,失去了它的本质意义。

四、移动互联网的泄密之痛

和互联网应用技术一样,移动互联网自被使用以来,隐私安全问题一直困扰着人们。因此,在隐私保护的细节上,无论是企业或是个体商户,都不能对其掉以轻心。

领英是一家致力于向全球职场人士提供沟通平台,并协助他们发挥特长的社交网站。领英作为全球最大的职业社交网站,其注册会员人数在世界范围内已超过 3 亿。这样一个持有重要商业人士个人资料和商业机密的网站,2012 年却被黑客攻击,超过 600 万个用户的用户密码被窃取,这些用户密码很快就被公布在一家俄罗斯黑客论坛上,人人都能看见。让客户和安全专家吃惊的是,以收集大量求职者真实数据并靠它获得盈利的领英,其数据保护方式为何如此简单。

在移动互联网时代,数据所有权、使用权界定尚不明确,亟待规范。因为数据多来源于网民或企业用户的现实工作与生活,被存储在网际空间,对于数据信息是否为公民或企业的私有资产不太明确。目前,数据保护、交易、责任等方面的法律法规落后于实际需要。因此,对技术研发、产品制造、用户使用、服务管理等各环节均要明确安全责任,对其所涉及的政府、企业、数据产生者及个人等的安全责任也必须有明晰的政策界定。

移动互联网产业的迅速发展,使我们面临复杂的技术和市场环境,对行业监管与发展政策提出了更高的要求。当前移动互联网的发展仍然处于初级阶段,网络技术、应用技术等方面还不太成熟,业务应用也不太丰富,亟须建立成熟的模式。以上这些问题,都需要业界各方共同努力,共同解决。

第六章 移动互联网的营销利器

与传统模式的营销一样，移动互联网营销也离不开可靠便捷的营销工具。传统营销模式从电线杆上的小广告、横幅广告到电话广告、电视广告，每一次营销工具的改变，都带动了营销手段的升级，同时也给企业和个人带来巨大的商业利益。移动互联网营销所使用的工具更便捷、影响范围更广，如微博营销、移动视频营销、APP 营销、以微信为主的即时通信平台营销，正在一点点地改变着我们的生活。在移动互联网高速发展的环境下，企业只有利用好这些营销利器，才能在激烈的市场竞争中占据主导地位。

第一节 互动式营销：微博营销

微博营销的关键在于带动粉丝互动，没有互动的微博营销注定是失败的。而对于微博营销来说，活动策划和内容策划是吸引粉丝关注微博的最好推广方式。不超过 140 字的微博内容再加上微博配图和微博视频，如何组合才能吸引粉丝，引导粉丝，决定着微博营销能够成功的关键。

一、"冰桶挑战"中的营销经验

"冰桶挑战"全称为"ALS 冰桶挑战赛"（ALS 意为肌肉萎缩性侧索硬化症），其活动的目的是让更多人知道被称为"渐冻人"的罕见疾病，同时帮助这类患者募集捐款。活动形式是其参与者在网络上发布自己被冰水浇遍全身的视频内容，然后该参与者便可以邀请其他三个朋友来参与这一活动。其活动规则是被邀请者要么在 24 小时内接受挑战，要么就选择为对抗肌肉萎缩性侧索硬化症捐出 100 美元。

这项活动起源于欧美，于 2014 年 6 月在欧美的各大社交网站中开始兴起，在短短不到 3 个月的时间里，"冰桶挑战"这个词便席卷全球，世界各地的明星和知名人士都参与到了这项活动中：从美国前总统小布什再到曾经的世界首富比尔·盖茨，概莫能外。

"冰桶挑战"的案例说明，策划一项优秀的微博活动对信息的传播力和穿透力具有十分重要的意义。如果企业策划出一项像"冰桶挑战"这样成功的微博活动，受到知名人士的转发和关注，那么何愁营销策划人员每天绞尽脑汁地来思考如何吸引消费者呢？

从"冰桶挑战"的火热传播中，我们可以总结出微博营销中的一些成功经验。

（一）内容中性

微博营销讲究的是趣味性和公益性。但重要的是，在活动形式上不能让用户之间产生利益的纠葛，造成传播屏障。如今在微博平台上，很多企业还在用传统的营销理念去策划微博内容，其官方微博通常只发送宣传企业产品和企业文化的"硬广告"，结果却丝毫不起作用，企业"硬广告"最终成了企业"硬伤"。

（二）参与方式简单、有趣

"冰桶挑战"发起的时间恰到好处，正处于夏季，因此用冰水淋身的方式容易被大众接受，操作起来也十分简单，每个人在通过"冰桶挑战"后，都会发表自己的看法，其中不乏名人，这些名人发表的言论很多都是幽默、风趣的，这也增加了"冰桶挑战"的趣味性。

很多微博营销之所以没有成功，其原因就在于活动规则相对复杂，且枯燥、单调，很难引发"粉丝"的共鸣，这样的微博营销是干巴巴的，真正的微博营销要让粉丝动起来，增强粉丝互动的欲望。

（三）维持关注度，有新闻点和传播点

有人统计过，"冰桶挑战"吸引了全球各地上千位名人的参与，这个记录在营销史上也十分罕见。每位名人的背后都是成千上万的粉丝群体，名人"点对点"的转发马上就会呈"病毒式"扩散，这与很多企业在网上雇用"水军"的做法相比，岂不是高明很多？

二、内容营销传递"正能量"

北京时间2014年2月8日凌晨，第22届冬季奥运会开幕式在俄罗斯的菲施特奥林匹克体育场举行。奥运五环由雪花慢慢转化而来，从空中飘落。不过，有一片雪花未能转变，于是便出现了奥运五环变成四环的一幕。这一戏剧性的场景马上就成了网上热议的焦点。各大企业也纷纷参与评论，以此展开"内容营销"，而其中以红牛饮品官方微博发布的微博最为成功，其微博为："五环变四环，打开的是能量，未打开的是潜能。"同时，这条微博下还配以红牛饮料易拉罐组成的五环图，巧妙地将热点与微博内容联系在了一起，立即获得了网民的热烈响应。

红牛围绕"能量"诉求深入人心，"五环变四环"本是一次失误，是不完美和瑕疵，对此微博上出现了很多的"负能量"话语。红牛的这则微博内容彻底翻转了网友的"负能量"认知，从"能量""潜能"的"正能量"角度出发，对这次事件给出正面、积极的看法，并把产品功能进行了很好的传播。

一条营销微博要想被更多人看到，并且使他们产生兴趣，这就要求微博内容必须能够吸引人们自觉转发、评论。要做到这一点，首先，企业微博的营销广告痕迹不能太重，不

宜将自己的产品介绍像硬性广告一样呈现出来。其次，营销微博的内容也要讲究趣味性，可以是优美的文字，可以是幽默的笑话，也可以是创新的文字游戏等，只要内容创新，就一定能吸引粉丝自觉转发。

微博营销就是创意的营销。而就其手段来说，微博营销就是活动的营销、内容的营销。微博营销赢在"人气"。而提高亲和力或使公司形象拟人化，能够吸引大量"人气"，树立积极向上的企业形象。

第二节　移动视频营销

如今视频影音的应用正随着移动互联网技术的进步而发生变化。这不仅改善了人们的观看体验，还改变了消费者形成文化概念和娱乐的方法。在移动互联网快速发展的大趋势下，移动视频营销、独家版权以及自制内容的比拼成为各商家竞争的焦点。

一、还有什么"搅得烂"

2007 年，一位名叫汤姆·迪克森的美国人登上视频网站优兔（YouTube）的关注排行榜。在视频中，汤姆把所有能够想到的东西都塞进了桌上的搅拌机里——火柴、电灯泡，甚至还有手机！每段视频的开头，他都会说一句："搅得烂吗？这是一个问题。"这种近乎"疯狂"的做法在 YouTube 视频网站上赢得了超高的点击率，大家竞相模仿汤姆的这种做法，而这正中了汤姆的下怀——他是生产家用食品搅拌机的布兰泰（Blendtec）公司的首席执行官。过去，他在公司里总是用各种各样奇怪的东西去测试自家生产的搅拌机。于是，公司市场总监乔治·赖特想到了这一办法，决定把这些古怪的测试过程录下来，再加上一些诸如火柴、手机等匪夷所思的实验品，把视频发布到网上去。

在"搅得烂吗"系列视频上线后的一个月中，汤姆公司生产的搅拌机在线销售量比之前暴涨了 4 倍。

如今移动互联网的传播速度更快，国内各大视频网站几乎都有移动客户端，微博、微信也支持在无线宽带（Wi-Fi）下观看视频。还有很多微视频网站，如美拍、微视等，这些视频网站只支持 10~60 秒的视频拍摄，在如此短的时间里要想吸引视频观看者的注意，对移动视频的内容和表现方式提出了更高的要求。

恋珊妮是位标准的美女，2014 年年中，她注册了微视频移动应用——美拍，在上面发布自己创作表演的搞笑内容。半年后，美拍的微博话题阅读数已经达到 313.2 亿，是最热的短视频社交平台。而恋珊妮也因为在美拍上创作的创意搞笑内容，成为美拍平台最受欢迎的达人之一，仅仅半年就收获了 76.3 万粉丝，远远多于经营多年的微博粉丝。

如今，她只需要按下美拍的内容发布按钮，单条美拍就能得到至少 4 万粉丝的互动。

有生意头脑的她，很快开始尝试转化美拍粉丝至电商平台。这一尝试相当成功，立竿见影地促进了其微店护肤用品的销售。现在，她的销售额已经突破百万元。

即便短短 60 秒的微视频都能带来如此巨大的商机，可见移动视频营销在移动互联网营销中所扮演的角色是多么重要。主要原因在于，视频营销比文章图片更形象，更能让人印象深刻，其次，搜索引擎对视频的抓取率比对一般文字性内容的抓取率要高，通过百度搜索，视频的关键词排名往往比非视频关键词要靠前许多。

二、移动视频营销的秘密：内容为王

在移动互联网时代，经典、风趣、幽默的视频内容总让人情愿自动去分享，经过人们自发传达，视频就会带着公司的信息像病毒一样在互联网上分散。病毒推广的关键在于公司需要有好的、有价值的视频内容。

（一）事件视频营销

事件视频营销是通过策划、组织和利用具有新闻价值、社会影响以及名人效应的人物或事件，以视频的形式来吸引媒体、社会团体和消费者的兴趣与关注。

2012 年，一段长约 5 分钟的视频引起网民的热议。这段视频的名字叫作《一个 IT 屌丝的自白》，视频的内容大致是一个 IT 站长讲述自己的奋斗故事。视频一经发布，就在网站引起强烈反响，短短一个星期，单优酷一个平台就超过了 31 万次的点击量。同时，视频也被发布在各大社交网（SNS）上，引起了广大 IT 创业者和站长朋友的关注和热烈讨论，成为各大论坛的"热帖"。而视频主角口中一带而过的 SKYCC 组合营销软件也被广大站长朋友和创业者记住，瞬间爆红网络营销界。据百度指数显示，视频发布的一个星期内，SKYCC 的关注度上涨了 2118%。

一段 5 分钟的视频，中间只有 5 秒的时间提到了一款产品，视频中既没有产品展示，也没有它的任何功能介绍，何以会取得那么好的营销效果？首先，这则视频所讲述的是一个典型的个人励志故事，自然很容易引起正在创业或想要创业的年轻人的兴趣。他们看到视频自然能够产生情感的共鸣，会关注这个视频，而他们在关注视频的同时也被动地记住了视频主角口中提到的这款产品——SKYCC 组合营销软件。其次，在这个案例中，视频主角在口述的过程中很自然地提到 SKYCC 组合营销软件，而且仅仅提到了一次，一带而过，连图片都没有插入，如同一篇好的软文，做到了不着痕迹地插入广告，这也是事件视频营销的一个重要优势。

（二）微电影营销

微电影是指适合在移动状态或短时休闲状态下观看的、具有完整策划和系统制作体系支持的具有完整故事情节的故事片，其内容一般融合了时尚潮流、公益教育、商业定制等主题，微电影营销能否成功的关键在于微电影本身的故事性和思想性是否可以引起人们的思考和共鸣。

2013 年 3 月 16 日，一部名叫《城市微旅行》的微电影在上海首映，微电影的策划者用这部微电影阐述了一个全新的概念：城市"微旅行"即"在繁忙的工作中，就在居住的城市，展开长则数天、短则半日的旅程，发现那些朝夕相处的城市不为人知的美"。

主创团队选择了三座各具特色的城市：北京、上海、杭州，并邀请作家冯唐、"酒店控"文林、"绿茶老板"路妍，驾驶 MINI（宝马公司旗下的小型汽车品牌）公司的全新汽车 MINI PACEMAN 来行走和发现他们扎根的城市。让城市"微旅行"的概念变得具象而吸引人，就好像有了这台车，每一个人都能成为微电影里发现城市之美的主角。

这部微电影发布在新车 MINI PACEMAN 上市之前，既为新车上市成功做了宣传铺垫，又让这款全新车型成为城市"微旅行"的代名词，成为一种生活态度的代表，自动与其他车型区别开，创造了独有的消费领域。

这部微电影播出后，在移动互联网反响强烈。"微旅行"也成了网上的热点关键词，MINI PACEMAN 汽车也成为年轻人进行心灵旅行的首选汽车。

《城市微旅行》的成功之处在于，通过一个个讲述者讲述他们"微旅行"的经历和故事，激发隐匿在无数都市人心中蠢蠢欲动的需求。生活快节奏带来的身心疲倦和对旅行与假期的渴望无疑是都市人群内心的真实情感，而城市"微旅行"的概念则让人们发现有这样一种方法来满足自己的需求，同时使其与所推品牌或产品巧妙联系在一起。

（三）企业宣传片

企业宣传片是用制作视频的表现手法对企业内部的各个层面有重点、有针对性、有秩序地进行策划，目的是彰显企业文化和企业实力，让社会不同层面的人士对企业产生正面、良好的印象，从而建立对该企业的好感和信任度，并信赖该企业的产品或服务。

2012 年年末，一则视频广告在网络上流传开来，广告中的广告词被网民们称为"陈欧体"，这则广告本是化妆品特卖网站聚美优品的企业宣传片，但是凭借其富有个性的广告创意和广告文案，赢得了众多网民的赞誉。

视频广告的背景以冷色调为主，突出了聚美优品"卓尔不群"的企业气质，而聚美优品广告文案则由其 CEO 陈欧来叙述："你只闻到我的香水，却没看到我的汗水。你有你的规则，我有我的选择。你否定我的现在，我决定我的未来。你嘲笑我一无所有，不配去爱，我可怜你总是等待。你可以轻视我们的年轻，我们会证明这是谁的时代。梦想是注定孤独的旅行，路上少不了质疑和嘲笑，但那又怎样，哪怕遍体鳞伤，也要活得漂亮。"

这个视频广告投放没多久，网络上模仿它的广告文案就铺天盖地了，其中不乏传统大品牌企业，如佳能的广告文案："你只看到我的照片，却没有看到我的执念。你怀疑我的现在，我坚信我的将来。你嘲笑我不务正业，我可怜你错过精彩。你可以看低我们的作品，我们会证明这是谁的时代！摄影，是注定孤独的行走，路上少不了羁绊与徘徊，但，那又怎样？哪怕艰难困苦，我也永不服输。我是摄影师，我为自己代言。"

聚美优品企业宣传片的成功之处在于广告本身定位精准明确，激发年轻一代的内心共鸣。作为聚美优品 CEO 的陈欧本人可谓"80 后"的目标与榜样，能够给如今"80 后""90 后"传递很多正能量，这正是现在年轻人需要学习的。因此，从广告本身来说，它就已经吸引了不少年轻人的眼球。

心理学的研究证明，需要并不因暂时满足而中止，有一些需要可以重复出现，有一些需要被满足后，又会产生新的需要，它永远带有动态和不断更新的特征。移动视频广告只有符合受众的这种心理特点，才能在移动互联网营销中获得成功。

第三节　实用又好玩的 APP

APP 营销指的是应用程序营销，这里的 APP 就是应用程序"Application"的英文缩写。而通过手机和移动设备 APP 所进行的营销，越来越受到人们的关注。手机 APP 营销主要通过特制手机、社区、SNS 等平台上运行的应用程序来开展，其以精准化和趣味性相结合的操作方式来吸引用户下载、使用。

一、当"小鸟"遇到麦当劳

智能手机的普及催生了手机游戏这个新兴的行业。根据移动互联网联盟速途网发布的《2014 年中国手机游戏数据分析报告》称，截至 2014 年年底，我国手机游戏用户规模超过 5 亿，近半数中国人在玩手机游戏，如此庞大的应用人群，仿佛是一片浩瀚的云海，其中蕴含着数不尽的机遇，因此各大品牌企业都瞄准了游戏 APP，将其作为营销产品的重要载体。

一个是快餐连锁业老巨头，一个是游戏行业新霸主。当麦当劳和"愤怒的小鸟"碰在一起，会发生什么有趣的事情？ 2012 年 10 月，麦当劳与"愤怒的小鸟"的开发公司 ROVIO 在中国合作，推出了"愤怒的小鸟麦当劳特别版"游戏，此外，他们开发了"愤怒的小鸟"限量版玩具，把它们带到餐厅，用户更可以通过移动设备的互动体验自动解锁独家隐藏关卡和免费道具。

品牌捆绑游戏 APP 的营销方式有其必然性：一方面，手机游戏 APP 开发应用成本高昂，运营商需要营销资金支持，仅有的游戏收费项目明显入不敷出；另一方面，传统品牌需要打破常规，利用手机游戏 APP 来进行精准营销。这种利益的结合带来的往往是双赢的效果：手机游戏 APP 开发运营商有了资金支持，可以不断推出新的游戏，还可以将已开发的游戏不断更新版本，精益求精；传统品牌企业通过游戏 APP 不断地被下载，增加了品牌的曝光度，与 APP 深层次的合作更能在年轻人面前彰显企业朝气蓬勃的精神面貌。

要涉入游戏 APP 营销，首先要了解游戏用户的喜好，只有将企业的产品搭载在时尚、热门的游戏当中，营销才能收到好的效果，当然，这并不是说游戏 APP 营销不能"炒冷饭"，甚至有时候"炒冷饭"会获得出人意料的效果，但在上万种手机游戏中，最受欢迎的游戏一定是那种操作性强、娱乐性高的游戏，因此，选择这种游戏最节省时间也最保险。

角色扮演、冒险游戏、动作游戏、赛车游戏和益智游戏一直都很受游戏用户的欢迎。其中以角色扮演类游戏最为突出，其用户数一直较多，冒险游戏和动作游戏为次之，赛车游戏和益智游戏的用户相对更少。因此，企业在进行捆绑营销时，应选择角色扮演、冒险游戏、动作游戏等广受欢迎的游戏，而对赛车游戏和益智游戏等的选择要慎重。

二、挥动手机得大奖

可口可乐公司开发的"CHOK"（香港潮语，意为耍帅、摆酷、放电）版 APP，通过电视广告与手机的互动，与用户贴近的新型互动体验。用户下载此款 APP 到手机后，在指定的可口可乐电视广告播出时开启 APP。当广告画面中出现可口可乐瓶盖，且手机出现振动的同时，挥动手机去抓取电视画面中的瓶盖，每次最多可捕捉到 3 个，广告结束时，就可以在 APP 中揭晓奖品结果，奖品都是重量级的，如汽车等，对用户的吸引力很大。

当 APP 成为无数企业主热议的话题时，企业 APP 的应用也蜂拥而至，除了搭载游戏 APP 进行营销以外，很多大公司也热衷于自己开发专注于推广自身产品的 APP。由于开发一款成熟的手机 APP 费用高昂，因此企业一定要了解 APP 的核心价值在哪里。

（一）自主开发的APP 追求的是用户体验

APP 的核心价值是用户，因此，在正式进入开发流程之前，企业一定要通过细致的调查来了解用户在应用哪种设备、哪种体系、他们的方位，以及他们在一天的什么时候会应用什么 APP，以非常好地了解用户的使用习惯。

（二）应用频率

下载量并不意味着使用量。企业应该剖析用户应用的总时刻，以及他们多久应用自己的 APP 一次。以此作为根据，不断改善 APP 的内容，吸引他们不断使用自己的APP。

（三）了解付费习惯

盈利永远是企业的首要方针。企业在开发 APP 的过程中，必须剖析用户的付费习惯。例如，有的用户喜欢用手机直接充值，而有的用户喜欢支付宝或者第三方付费方式，企业应该针对用户设计 APP 的付费方式。

APP 本身具有很强的实用价值，APP 营销的魅力在于一旦用户将其下载到手机，APP中的各类任务和富有趣味性的竞猜会吸引用户，形成用户黏性，而通过 APP 营销的企业就可以轻松地享受其带来的神奇效果。

第四节　即时通信平台

即时通信（Instant Messenger，IM）也就是我们所熟知的社交聊天软件，在互联网时代，主要有 MSN、Skype、QQ 等。而在移动互联网时代，以手机移动终端为主设计的社交聊天软件更是丰富多样，这些移动社交聊天软件既有 QQ，也有微信、陌陌、遇见等，这些社交软件都有比较固定的用户，是移动互联网营销的有效载体。

一、"QQ+微信"

腾讯 QQ 本来是一个很好的营销平台，但是由于最初腾讯并没有把企业用户和个人用户的差异化体现在 QQ 应用上，使得企业若想在 QQ 上做营销，也只能靠 QQ 消息群发器来推动了。后来，腾讯开发了企业 QQ 和营销 QQ。其中营销 QQ 增强版和微信巧妙地结合在了一起，可以帮助企业快速搭建微网站，将企业内容展示、营销活动、用户互动集合于一体，成为微信上的官方网站。戴尔从 2010 年年底开通营销 QQ，到目前已积累 QQ 客户 20 多万，月接待 QQ 咨询近万次，大大缓解了电话咨询压力。企业 QQ 和营销 QQ 的开发和应用，给企业带来了优良的营销平台：目前中国平安车险业务每天都有 4000 多位 QQ 客户主动来咨询并加为好友，累计 QQ 渠道带来客户量有近 100 万；韵达快递公司自 2012 年年初开始使用营销 QQ 以来，已积累 20 多万 QQ 客户，单日解决的咨询量超过 1000 条，同时解决了客户积累及高效咨询的问题，等等。

腾讯这家社交聊天的中国"老字号"也同样走在了移动互联网时代的前列：企业 QQ 和营销 QQ 给企业带来的巨大商机就是最好的证明。而今，营销 QQ 和微信的融合，会让更多企业通过这种移动互联网营销方式获得更多的收益。

二、陌陌：总有新奇在身边

陌陌是一款基于地理位置的移动社交工具，人们可以通过陌陌认识周围一定范围内的陌生人，查看对方的个人信息和位置，免费发送短信、语音、照片以及精准的地理位置。通过陌陌，人们可以非常及时地将网络关系转换为线下的真实关系。

截至 2014 年 6 月，陌陌总注册用户数达到 1.48 亿，月活跃用户数为 5243 万。对于很多商家来说，陌陌已经成为一个具有营销价值的平台，也已经有一些商家利用陌陌进行推广。"到店通"不仅是陌陌继增值服务、广告、游戏等商业模式后的又一次商业化尝试，还开启了移动社交商业的全新模式。

2014 年夏天，陌陌上线了全新功能"到店通"，"到店通"是陌陌为线下商家提供的线上广告平台，商家可按照地理位置进行精准投放，并且和用户开展实时互动。

　　"到店通"主要面向本地与生活相关的中小实体商家，这些商家可以提交资料通过审核成为认证商家，通过"到店通"来自由设定地理位置范围、投放时间，制订广告计划，广告将由陌陌审核后投放。如果两个商家所指定的辐射范围和投放时间完全重合或者部分重合，将采取"先到先得"的方法，优先展示投放时间较早的商家。与其他广告平台不同，"到店通"的整个投放过程都可在手机端完成。

　　陌陌"到店通"的特点在于商家可以按照地理位置精准地进行定时定向的投放，商家依据预算，将推广诉求精准送达周边目标消费群，开发新客源，维系老客户。

第七章　微商应用模式创新分析

微商是时下最为流行的新型群体，也是一种新的商业模式。但真正了解微商的人却不多，很多新手对微商的认识比较片面，也存在着许多误区，如单纯地把微商定义为微信电商，认为微商就是刷屏卖货等。针对大家的各种疑问，本章将详细介绍微商。

第一节　微商的含义

面对微商，许多人表示不解：微商是什么？为什么大家都在做微商？

在大多数人眼里，微商等同于微信电商。在此，笔者要重申一下微商的定义：只要是利用移动互联网终端销售平台来销售产品的，我们都可以称之为"微商"，但目前微商基本活跃在微信朋友圈里。

一、微商的起源

微商其实很早以前就已经存在了，如早前就有一部分人利用应用广泛的腾讯 QQ、新浪微博等社交软件发布一些产品信息，或者利用群聊软件或空间提高产品的曝光率，加强与客户的沟通交流等。现在看来这些都是微商常用的操作手法，只不过当时还没有"微商"这个说法而已。

"微商"一词最早出现在微博平台。时值淘宝网叱咤风云，许多用户通过微博平台跳转到淘宝网页面进行商品交易。慢慢地，拥有大量粉丝的博主发现，微博营销的影响要远远大于纯粹地发广告，于是干脆直接在微博上经营自己的产品。但是由于微博沟通存在局限性，就有人选择留下微信号进行沟通。渐渐地，博主添加的微信用户人数越来越多，而且大多数都是准客户，于是开始直接在微信朋友圈内发布相关产品信息。如此一来，就能做到及时沟通，促成交易，这就形成了最早的微商群体。

二、微商的准确概念

从文字释义上来看，微商的"微"字指的是微小，而"商"代表的是商人，也可表示一种经济活动，简单来说，微商就是商人的一种小规模经济模式。

此外，微商的"微"字还被用来指代微博和微信。上文中我们说到微商不仅存在于微信平台上，还存在于微博、QQ 空间等其他因移动互联网发展而衍生的社交平台上。只是由于微博和微信是目前最为普及的社交应用软件，因而大家对微商的认识也就有失偏颇，微商就成了"微"商。须知微商不仅仅局限于微博和微信，从另外一个角度来说，微商更代表着移动互联网的创业家。

为什么把微商说成移动互联网的创业家，而不是个体户呢？这是因为微商在创业初期所面临的市场非常微小，大多数甚至是在没有任何客源的情况下从零开始的，由此可见创业过程中存在着常人难以想象的艰苦。

第二节 微商的分类

上文中我们已经初步了解了微商的起源和概念，对微商有了一个整体的认知。但如果我们决定要做微商，那么仅仅了解这些还是远远不够的，还需要对自己进行准确的定位。要解决这个问题首先就要了解微商的分类。

一、微商的分类

按照经营内容的不同，微商可以分为很多种类，如按照其所经营的产品可分为护肤类、美妆类、母婴类、服装类、养生健康类、食品类等产品类型的微商，但最直观的还是结合微商的客户对象、经营模式和目前的经营阶段来进行分类。

（一）个人微商

个人微商大多处于创业起步阶段，资金、渠道、技术等机制还不健全，这也是目前大部分微商存在的问题。个人微商又可以分为好几个不同的种类，如 C2C（指个人与个人之间的电子商务）个人微商、C2C 明星微商等。

其中 C2C 个人微商，就是指个人与个人之间的交易，其相当于线下传统零售商或淘宝网的商家一类。对于初创者来说，这种模式对产品、渠道、客户数量都没有太高的要求，而且起步非常容易，操作简单。

当 C2C 个人微商发展到一定程度，开始发展微商代理或者把直接客户转化成自己的代理商，就能逐步上升为 C2C 明星微商。这个阶段的经营，其相当于线下的批发加零售或电商的分销加零售。C2C 明星微商发展到后期就累积了产品优势、客户优势和经验优势，并拥有了自己的固定粉丝群。

（二）企业微商

企业微商，顾名思义就是为了拓展自身在线上的市场，借助移动互联网实现转型的企业或公司。企业微商比个人微商在资金、人力、渠道、产品等方面占很大的优势。

企业微商在电子商务市场的运营模式属于 B2C 商业模式，即商对客电子商务模式。任何一家企业或公司的产品都是通过业务团队销售给客户的，因此企业微商需要做的是让业务团队学会用以微信为代表的社交工具，来实现营销方式的转变。从某种意义上来说，此时企业和销售团队不再是雇佣关系，而是互相依赖的合作关系。企业作为产品输出和服务的提供方，销售团队则转化为微商团队，两者相辅相成，各取所需。

二、微商商业模式的分类

互联网的兴起使电子商务异军突起，而随着电子商务的不断发展，出现了几种经典的商业模式，根据性质不同可以分为 B2C、C2C、O2O（指线上线下一体化电子商务模式）、C2B（指消费者到企业电子商务模式）。

这些商业模式在公司管理中起到一种积极、强有力的作用。总体来说，商务模式是一个企业有效使用资源的方法，通过此方法，企业能够向顾客提供其所需的价值，并以此获得盈利。

微商属于电子商务，是电子商务的一种具体形态。因此微商要想在营销竞争中占据优势，需要慎重选择属于自己的商务模式。

以下为微商在实际运营中常见的几种商务模式。

（一）微商 B2C 模式

B2C 是直接面向消费者销售产品和服务的零售模式。这种形式的电子商务一般以网络零售业为主，主要借助于互联网开展在线销售活动。

B2C 是由淘宝网的模式逐步进化而来的，严格来说，B2C 是企业利用移动互联网与个人进行商业交易的电子商业模式。它主要基于企业服务号开店，其中就包括京东微店、微信小店、口袋通等交易平台。企业拥有微信公众号需要经过相关审核才能开店，个人账号运营除外。B2C 可以说是以"粉丝经济"为重心的，而这种模式也必然会成为微商运营的主流。因为 B2C 对微商有 3 大优势。

1. 项目投资有保障

要想成为传统意义上的微商，就需要投入一定的资金才能有开店的资格。但如果因为销售方法不正确而导致大量货物积压，那就只能由微商自己承受。而 B2C 平台的微商因为平台统一运营，直接面向消费者，就也不需要加盟微商囤货，相对来讲更安全。

2. 无须暴力刷屏

B2C 不再需要微商暴力刷屏，所有转发都由平台统一组织，可以更科学地安排推广流程。转发的内容更多的是商城的促销活动图片、更具创意的文案策划、更高规格的宣传图片、二维码名片等。微商自己不具备经营朋友圈能力的时候，借助平台的力量可以让经营更简单，也更有保障。

3. 无须担心价格混乱

因为所有分销商的商城都是基于商城平台裂变出来的分店，所有的产品价格活动都只能由平台控制，即以统一的价格面向所有消费者，不会因恶性竞价而枉费微商们的苦心经营。

（二）微商C2C 模式

C2C 就是个人与个人之间的交易模式。例如，某消费者有一台手机，通过网络把它出售给另外一个消费者，此种交易类型就称为"C2C"。目前 C2C 微商的"主战场"主要有微信朋友圈、拍拍微店、口袋购物、喵喵微店等平台。

C2C 微商在实际营销中表现出以下几个特点。

1. 人格品牌化

人格品牌化是指将个人打造成具有独特魅力和情感影响力的人性化品牌符号，让消费者在潜移默化中形成品牌黏性，产生情感磁场效应，触动心灵共识，促进价值认可。通俗的说法就是品牌由消费品时代进入"粉丝时代"。消费者的购物决策不仅仅受质量、价格等因素的影响，更多的是基于人与人之间的信任，消费者可能因为"偶像"的推荐或好友的信任关系而选择购买微商的产品。微商 C2C 模式中品牌和人互惠互利，消费者选择为品牌付费也是为人格买单。

2. 营销人人化

随着微商的"去中心化"，全民电商和营销人人化的时代到来。在信息大爆炸的新闻资讯、社交网络里，每个人都被动或主动地成为信息的传播者。人们看到一款好玩的游戏、一篇精美的文章、一段感人的视频，甚至一件漂亮的衣服，即使在没有利益驱使的情况下，也会情不自禁地转发与分享。这种现象在朋友圈里极为常见，因为门槛低、零成本，所以许多微商跃跃欲试。未来，当所有的社交分享都能互通时，微商 C2C 营销将会更加普遍。

微商的走红主要源于朋友圈卖货、代购的兴起，也因为朋友圈微商的泛滥，导致大家对微商的理解有失偏颇。

微商的 C2C 模式多为基于朋友圈开店，产品面对的是除企业之外的个人市场，如口袋购物、拍拍微店、蘑菇街等。C2C 表现在微商上，也就是我们平常所说的朋友圈卖货，或者说个人开店。

基于朋友圈开店的 C2C 微商借助了朋友圈红利期，暴力刷屏，但是也破坏了用户体验，因此在微商未来的发展中，C2C 将逐渐过渡到 B2C。

（三）微商O2O 模式

O2O 模式是线上与线下的结合，是指将线下的商机与互联网结合，让互联网成为线下交易的前台。

微商 O2O 模式早在团购网站兴起时就已经出现了，只不过消费者更熟知团购的概念。

团购商品都是临时性的促销，而在 O2O 网站上，只要网站与商家保持合作，那商家的商品就会一直"促销"下去。

微商 O2O 模式的价值主要表现在以下几个方面。

1. 对于本地商家

微商 O2O 模式要求消费者进行网上支付，支付信息会成为商家了解消费者购物信息的渠道，这样方便商家对消费者的交易数据进行搜集，进而达到精准营销的目的，从而更好地维护并拓展客户。通过线上资源增加顾客并不会给商家带来太多的成本，反而会带来更多利润。此外，微商 O2O 模式在一定程度上降低了商家对店铺地理位置的依赖，减少了租金方面的支出。

2. 对于消费者

微商 O2O 模式能及时提供丰富、全面的商家折扣信息，能够使消费者快捷筛选并订购适宜的商品或服务，而且价格实惠。

3. 对于服务提供商

微商 O2O 模式可带来大规模、高黏度的消费者，进而能使服务提供商争取到更多的商家资源，掌握庞大的消费者数据资源。本地化程度较高的垂直网站，借助 O2O 模式还能为商家提供其他增值服务。

（四）微商C2B 模式

C2B 即消费者对企业商业模式，与 B2C 不同的是，它是先有消费者需求的产生而后有企业生产。C2B 模式的出现改变了原有生产者（企业和机构）和消费者的关系，是一种消费者贡献价值，企业和机构消费价值的模式。在以流量为王的时代，C2B 蕴藏着巨大的能量。

许多业内人士声称"微商 +C2B"将会成为未来去中心化的商业潮流。商家可以先设计产品或把正在生产的产品放到平台上，征求用户的意见和建议，为品牌注入个性化、定制化和多元化特性，以真正实现以消费者为导向的"小而美"产品。如此一来，既可以扭转以往一对一的劣势出价地位，享受批发商的价格优惠，又可以根据客户定制个性化的产品，邀约厂商生产，实现以客户需求为引擎，倒逼企业"柔性化生产"，真可谓一举两得！

第三节 微商经历的三个阶段

目前大多数微商创业者还处在运用自媒体的自传播性、强关系、自裂变性等来做微商的阶段，但是随着时代的变迁，微商要想强大不能仅仅依靠于自媒体。下面我们一起来看看微商经历了哪些阶段。

一、自媒体

自媒体又称"公民媒体"或"个人媒体"，是指私人化、平民化、普泛化、自主化的传播者以现代化或电子化手段，向不特定的大多数人或者特定的单个人传递规范性及非规范性信息的新媒体。自媒体平台包括微博、微信、百度贴吧等。一般来说自媒体具有以下特性。

（一）性格鲜明

自媒体的核心是"自"，也就是自己。这就代表着自媒体人首先要有鲜明的性格标签，并在自己喜欢且擅长的专业领域有独到的见解，有足够的历练和沉淀，对感兴趣的领域有深刻的观察和心得。这是做好自媒体的先决条件。

（二）自由真诚

区别于其他媒体过多地修饰痕迹，自由真诚是自媒体的最大特色。它完全可以根据用户心中的话，以及对其的自我理解来观察发声。如此一来，自媒体人就能变成这个群体领域的形象代言人，让"粉丝"用户在看到这个平台发布的信息时产生共鸣，积极点赞、分享和转发。

自媒体变现方式离不开广告、电商和增值服务。以广告方式变现的有招聘、软文、出租广告位等；而以电商变现的则有微商城，预售和新品推荐等；另外，以增值服务变现的有内容打赏、公众号互推，以及各种赞助。这三种变现方式唯一离不开的就是粉丝的拥护。

二、明星效应

移动互联网时代也是"粉丝经济"的时代，粉丝追捧的对象毋庸置疑就是明星。微商要想成功地将产品传播出去，第一步就是要将自己打造成明星，因为只有明星效应才可以带来强大影响力，从而利用影响力进一步对外传播、销售产品。

在现代社会中把单独的个体打造成明星，我们称之为"自明星"。如今对品牌进行打造不再只是企业和演艺明星的专利，每个人都可以成为自己圈子的明星，创立起自己独特的"个人品牌"，在自己的圈子得到认可并慢慢扩散影响力。那么，该如何将自己包装成明星呢？下面笔者为大家介绍几款吸引粉丝的奇妙工具。

（一）微博

微博作为时下最热门的平台工具，是目前将产品推广发挥到极致的传播源。走"自明星"这条道路一定离不开微博。微博因其自身内容的丰富性和多维性吸引着众多网民常驻其中，微商要想成为明星，一定要提供给粉丝最精彩的内容，否则是很难吸引粉丝的。

（二）微信

作为用户基数庞大的微信，微信公众平台和个人微信号是打造"自明星"必用的终极武器。微信公众号有着聚集粉丝"人气"的魅力，而个人微信号更是微商与粉丝真实交流的平台。

（三）视频

录制视频的独到之处在于能够把图片无法表现的真实感呈现出来，给客户一种零距离的感觉。微商可以根据个人的产品定位进行策划，打造属于自己的微电影。围绕这个主题进行拍摄、剪辑，然后将视频上传到各大门户视频网站吸引粉丝。

（四）百科词条

现如今人们要想知道某个公众人物的资料，几乎都是通过百度百科进行了解，百度百科在国内具有较高的知名度。百度百科也是建立明星公信力的基础，所以自明星走向成功的第一要素就是建立、完善个人百科信息。除了百度百科，其还可以在谷歌、搜狗等搜索引擎上建立自己的信息。

三、自品牌

微商的终极目标一定是自品牌，就像传统电商最后滋生出了大量的淘品牌一样。微商在自明星效应形成之后，消费者对产品附带的文化价值越来越感兴趣，久而久之，就会形成一个品牌，这就是自品牌。

如今越来越多的商家都开始致力于自身品牌的建设，微商也不甘落后，以至于在微商界形成了"微商十大品牌"，其中排名比较靠前的微品牌有张小白、菲诗小铺、黛莱美等。

以上品牌的成功充分说明了在微商发展的后期，微商经营的产品越来越倾向于品牌化。这是时代进步的标志，同时也是微商的一大转机。

第四节　微商的发展前景

微商到底有什么魅力值得那么多人追捧？许多人对此感到纳闷。如今，在购物体验时代时间碎片化的商机孕育下，微商几乎利用了移动互联网的所有优点，充分发挥了先进的移动互联网优势。

一、微商自身的三大优势

微商受到互联网和移动终端的影响，能够在竞争激烈的市场中存活下来并得到发展，其自身的一些优势是不可忽视的。

（一）易操作，入行门槛低

要从事微商，人们拥有一部手机就等于拥有了开启创业大门的钥匙。正因为微商创业的门槛如此之低，才会受到人们的狂热追捧。大部分加入微商行列的商家是因为看中了微商易操作、门槛低和足不出户的优势。微商操作简单，任何人都能轻易上手，最重要的是，它没有群体的限制，不管是学生、白领，还是全职妈妈，只要拥有空闲时间都可以进行尝试。

（二）易传播，营销成本低

对于微商来说，口碑营销非常重要。传统的销售模式是口口相传，那么如今的微商模式便是"微微"相传。大家都知道，无论是朋友圈还是微信群，通过这两种渠道传播消息的速度远远超过我们的想象。因为每一个微信用户都有自己的人际关系，如朋友、同事、亲人等，他们都能很好地帮助微商进行商品信息的传播。

此外，微信社交是基于熟人关系营造的一种社交方式，而熟人群体能够更好地为微商传播信息，其效果远比其他推广方式更高效、更快捷。不仅如此，基于熟人关系的传播还可以达到零成本、高覆盖率、精准传播的效果。

（三）属于互联网体验经济

进入 21 世纪以来，体验经济的发展速度非常快，传统营销模式在强大的经济浪潮中也随之发生改变。针对消费者日益强烈的个性化需求，利用互联网的技能和功能，网络体验这种交互整合的营销方式应运而生。网络体验营销以其自身的优势越来越受到广大企业的青睐。

微商是互联网发展过程中衍生出来的一种商务模式，正是由于借助了互联网的技术和微商平台的高体验性，微商才得以发展至今。而随着互联网逐步走向体验经济时代，微商也将会发展到一个新的高度。

二、移动互联网新特征带来的商机

微商除了自身具备的优势外，也受到了互联网技术的影响。互联网技术是随着时代的变迁而发展的，如今人类已经进入了新纪元，互联网技术又上了一级台阶，在人们的生活、经济贸易中呈现出更多的新特征。

（一）中国在移动领域的领先地位

2014 年 11 月，谷歌董事长艾瑞克·施密特在谷歌亚太地区峰会上的远程致辞中，表达了他对亚洲移动市场的看好。他认为在某种程度上亚洲发明了移动互联网，而基于亚洲网络基础建设良好，以及极速扩大的市场规模，亚洲将成为移动互联网领域的领先者，其中，中国的作用尤为凸显。

基于庞大的用户群，中国诞生了众多超级 APP，这种发展速度让世界为之震撼。同时中国也在逐渐摆脱"山寨"的帽子，而成为"被山寨"的对象和目标。所以说，亚洲定会成为移动互联网领域的领先者，同时中国作为后起之秀，将在很大程度上代表着亚洲移动互联网领域的发展方向。

此外，中国在移动支付领域也遥遥领先于其他国家。《2015 年全零售：零售商与变革的时代》报告显示，尽管全球范围都存在对于金融安全性的顾虑，63% 的中国消费者还是更加愿意在手机应用程序中保存个人的付款及收货信息，而这个数据是全球比率的两倍！

种种数据表明，中国的移动互联网市场潜力巨大，并且朝着更高层次进发，在日后的经济生活中将扮演着越来越重要的角色。

微商属于移动互联网技术的衍生物，移动互联网的发展也标志着电子微商在未来的新局势。

（二）市场规模及用户数量持续高涨

2013 年国外互联网分析权威——"互联网女皇"玛丽·米克尔在年中大会上发布了年度互联网趋势报告，报告显示，全球 52 亿移动用户中仅有 30% 的智能手机使用率，而中国移动互联网用户数已达到了中国互联网用户数的 80%，中国无疑将主导移动商务的革命。我国原工信部公布的相关数据也证明了这一点，截至 2014 年 7 月，中国的移动互联网用户数已经达到 8.72 亿，这个数字远超于之前预测的 7.1 亿，而这个数字中手机网民贡献了 5.27 亿。这种强劲的发展态势如今仍然在继续。微商的市场可谓一片光明。

（三）移动互联网技术多样化

技术是支撑移动互联网持续发展的根基。移动互联网的迅猛发展也推动了网络接入、应用开发、操作系统等方面做出不断改进和更新。随着无线移动通信技术的进一步发展和网页应用技术的不断创新，移动互联网的技术呈现出了多样化的发展趋势。预计未来在应用的开发上面，适用于多平台、多架构，有很好的稳定性，以及生产效率高的开发工具将成为主流。

除此之外，随着可穿戴设备的大热，智能终端将变成个人局域网来收集及统计数据，这也将催生出更多的新兴技术及服务，如新多址接入方式 NMA、新编码调制与链路自适应技术、高频通信、超宽带基站 UBR 等。这些新技术的兴起势必会为微商带来新的机遇。

三、碎片化时间蕴藏商机

移动互联网时代让人们浏览信息变得更加便捷，大家不管是在等车、搭乘地铁时都会随时掏出手机或者平板电脑聊微信、刷微博或者购物，连临睡前都会再重复一遍刷屏动作。也就是说生活中由"等待"造成了大量碎片化时间。

那么，微商要如何将其利用起来创造商业价值呢？笔者总结了以下三个方法。

（一）选准时间点

无论是完整的传播，还是在碎片化思维状态下的营销和传播，所有的营销活动归根结底是以获取流量为表现形式的，而获取流量最为直接的方式就是占有用户的时间，而时间具有不可再生、不可重复的属性。如果我们把这一分钟用在看书上，这一分钟就会被书中的知识所占领。如果用户肯在微商发布的信息上停留，哪怕只是某个时段或时间点，如果用户已经养成某个时间段接收信息的习惯，那么营销的第一步就成功了。这就是培养用户习惯的过程。

当微信占据了大部分时间的时候，微博就开始备受冷落；当手机占据了我们大部分时间的时候，计算机就被搁置了；当喝茶占据大部分时间的时候，喝咖啡的时间自然就少了。其实，碎片化思维就是指选择一个恰当的时间点与客户建立连接、巩固连接，并强化用户印象，再渐渐地植入信息。掌控好时间点是我们在碎片化营销中赢得流量的方法。

（二）设计"引爆点"

人们在碎片化的时间中，有一种选择是"马上决定"。如何让客户考虑我们的选项并且快速做出决策，这是目前所有企业和营销人员都要面对的问题。这可能需要一个催化剂或引爆点。这也是碎片化思维带给微商的第二个启示。在数以万计的信息传播过程中，人们往往会忽略那些司空见惯的事物，而是寻找新鲜、好玩的事物。

另外，人们习惯性地消除微信未读提示中的大"红点"，或是将所有未接电话、未读短信消除掉，这些潜意识行为的背后是强迫症使然，未读消息提示便是触发我们做出抉择的引爆点，如果不"引爆"就会引发不适感。

计算机互联网时代，在淘宝网、京东等电商的网页上，每个商品和每个按钮的呈现方式都是经过详细测试和精心设计的。不同的颜色和关键字会诱发人们做出不同的选择，"立即购买"和"加入购物车"换来的是完全不同的销量。所有细微的"引爆点"都在告诉我们视觉刺激对于消费者选择的重要性。

在从事微商的过程中，产品呈现在用户面前，销售机会稍纵即逝，可能一次擦肩而过便无缘再见。在注意力分散、时间高度碎片化的用户面前，快速"引爆"他并使其做出对企业和品牌有利的选择是相当大的挑战。

（三）利用社群建立信任

在碎片化时间里建立信任更容易。为什么这么说呢？因为碎片化时间越来越多，人们越来越乐于参加各种社群。在社群中有各行各业的同城小伙伴，有来自全国各地的网友组建的网络团队在这里进行思维碰撞，通过沟通和协作创办一项事业。

建立人际关系中最难的是首次印象破冰，微商和用户在交流过程中可以选择碎片化时间，在碎片化时间里不知不觉就能建立信任感。这并不是说碎片化时间本身起了决定性作用，而是由于在加入社群之后，关系变得更加自然，从而降低沟通成本。并且，社群利用碎片化时间营造的气氛和情感也起了重要作用。因此，微商和用户更容易在碎片化时间里建立情感基础，所以见面或者合作时就更容易信任彼此。

第五节　解疑对微商的认识误区

说到微商，很多人都会认为微商就是在微信朋友圈刷屏的人，也有人会认为"微商等于微店""微商等于微商城"，对于这样的想法都可以理解，毕竟微商作为一个新生事物，还没有得到统一的规范，因而导致人们对微商的认知存在很大的偏差。下面笔者针对上述误区一一为大家答疑。

一、微商不等于微信营销

不少人提及微商就会想起微信，甚至认为微商就是微信营销。其实这个观点是错误的，微商营销并不仅仅通过微信平台来运营。微信对于微商来说，是沟通工具，不过由于微信用户的基数、黏性和影响力很大，因而成为微商最主要的营销阵地。例如，微商可以通过新浪微博、腾讯微博或者 QQ 等工具吸引客户流，当然也可以在微店中发布相关产品并进行展示或者售卖。而且现在各类微商平台正在崛起，如口袋通等。用户可以直接在这些平台上开一个移动网店，然后可以将店面的链接地址分享和发送到其他任何一个平台上。从这个意义上看，微商已经不再局限于微信这一个平台，微商也不再是"微信＋电商"，而是"所有的移动社交平台＋电商"。

二、微商不等于刷屏卖货

在微商的发展初期，由于做微商的人数并不多，并且市场前景也还广阔，因而走在前列的微商能通过在微信朋友圈发布产品信息而发家致富。随着他们的成功，越来越多的人涌向微商市场，他们不断地在朋友圈刷屏，导致微信市场混乱不堪。所以大众对微商的印象并不好，甚至认为微商就是靠刷屏来销售产品的。

那么，为什么以前在朋友圈发布产品信息能成功，现在怎么不行了呢？那是因为当时在朋友圈刷屏卖货对于大家来说是一件新鲜事，大家掏腰包的目的也是想体验一把这种新式交易。但越来越多的人一起刷屏，造成信息极度泛滥，因而微商才会遭到大家的反感。

事实上，刷屏卖货并不是微商的全部，它只是微商众多的推广方式之一。

三、微商不等于传销

不久前我国中央电视台（简称"央视"）曝光了一批不良微商，称之为"微传销"，该报道一出来便引起很大的轰动。虽然央视澄清只是部分微商，但对于微商来说却是致命打击。许多人看过央视的报道后就不再相信微商，并认为所有的微商都是在搞传销。

在这里笔者想说的是，任何新生事物遭到质疑都是很正常的事情，这说明它能够为大家带来好处并且大家对它也抱有希望。如果新生事物没有遭到任何质疑，那么它肯定就不会进步，这是发展的自然规律。

微商是依靠人与人之间的关系而建立的一种商业模式，因此做微商的人自然需要结识许多新朋友。但这在持"传销论"的人眼中就变成了所谓的"拉人头"。

下面我们来分析央视披露微商运营模式的特点。

（一）货越多，代理层级越高

微商代理拿货越多，承担的风险自然也就越大，那自然要对其有所优惠，就像在商场里买得越多，价格就越优惠一样，这些都只是商家进行产品促销的一种手段，并没有传销之说。

（二）成为代理之后就可以发展下线

成为代理之后就可以发现下线这一点，其实更谈不上传销。因为微商并不会通过任何手段去制约或束缚自己的下线代理，代理们也可以经营其他产品，或者是从别人那里拿货。其实在传统行业中到处都存在着这样的经营模式，并不是仅微商一家。

此外，微商代理制度其实是一种批发制度。它和传销的区别在于：传销就是团队计酬，即处于下线的人有了业绩，其上线的人都会赚钱；微商则不同，只有代理把货卖出去了，购买者如何处理这批货与各级代理没有直接的利益关系，大家之间的组织关系是非常松散的。从买卖双方的角度来看，微商的下级代理更像是一个批量购买的大客户，而不是下级代理。

总之，微商在某种意义上来说还是一个传统的营销模式，只不过是借助互联网和微信来进行运营，再加上一些沟通和营销技巧而已，所以就变成了外人眼里的"传销"。

四、微商不等于"粉丝经济"

微商在通过朋友圈或者公众号发布信息时，如果没有粉丝的支持，那么微商将很难创造经济效益。粉丝俨然成为微商营销的重中之重。因此部分微商认为只要粉丝足够多，那么产品销售就不是什么难事。于是他们添加了许多朋友，但从来没有互动过。这样导致的最终结果只能是业绩惨淡，有的甚至连一件产品都销售不出去。无限量地添加粉丝不是微商的最终目的，只有将粉丝进行有效转化才能达到销售产品的终极目标。

很多人在谈"粉丝经济"，但微商要明白的是，如果加了粉丝却不跟他们互动，那么加再多粉丝也无济于事。"粉丝经济"最为核心的要素是参与感，而参与感最为核心的要素是人性化。要实现人性化，就需要与粉丝进行沟通交流，可见微商并不是一味"加粉"就可以成功的。

第六节　微商创业不可入的误区

随着微信朋友圈卖货潮流的不断走高，越来越多的人经受不住金钱的诱惑，跃跃欲试。许多新手微商怀揣梦想，幻想着赚到人生的第一桶金。然而编者还是忍不住要给新手们泼一下冷水了，做微商须谨慎！从开店到售后的每个环节都要考虑周全，细细规划才能避免走入误区。

一、成本就是不要钱

如今网页上时常会出现一些广告——"小额投资无风险，月赚万元不是梦"，看到如此吸引人的赚钱机会，你会不会也有"掺一脚"的冲动？

近几年来，微信朋友圈中的"朋友营销"日渐火爆，从未涉足商海的网友们也都跃跃欲试，试图成为一名"微商"。

伴随"微店""微商"出现的则是"招加盟""招代理"热潮。加盟商声称，只需几百元的费用，加盟者就能通过转发商品信息赚取差价。不过，几百元换来的"加盟"资格，真能赚钱吗？其背后又存在哪些风险？

在加盟商眼中，想要多赚钱，"发展下线"才是赢利最快的模式。所谓"发展下线"，就是指加盟商作为"盟主"，再去发展属于自己的下级加盟商，这些下级加盟商又去发展自己的代理商，如此反复分级，从而形成下延发展的营销模式——"金字塔营销"。这种营销模式的实质就是层级越高，赚钱就越多，而处于塔底的那些小代理们往往就成了"炮灰"。

"金字塔营销"模式内部存在缺陷严重的同时也存在着法律问题。首先从民事法律关系上来说，这种"加盟"法律性质不明确，商家和加盟者之间的权利、义务关系不对等，信息不透明、不对称，涉嫌违背《中华人民共和国民法通则》中的平等与公平原则；其次，那些所谓的加盟平台，大多没有依照国家工商行政管理总局的规定办理连锁店登记管理等手续，不能取得合法地位。

当一个新的机遇出现，每个人都想抓住机遇实现自己的价值和梦想。但大家在选择项目的时候一定要有敏锐的市场洞察力，仔细考察之后再做出自己的选择，不能空凭一腔热情，盲目跟风。

二、跟风选择产品

微商是基于信任而存在的一个群体，它极度考验商家的诚信。微商的诚信除了体现在商家的个人品质上，更多是通过产品的质量来体现的，可以说产品质量是个人品牌营销的前提和基础。如果前期对产品的选择工作没有做好，后期的一切，包括推广、成交、售后、裂变都会困难重重。所以做微商，选好产品至关重要。

但是很多微商在选择产品时会出现差错，因为不知道选择什么产品，所以很大一部分人盲目听从他人的建议，跟风选择所谓的"畅销产品"，结果却往往不尽如人意。一旦某类产品成为"畅销产品"，说明它的市场已接近饱和，如果此时再盲目地跳入其中，那就无异于自取灭亡。

其实微商们选产品关键是要抓住客户的内在需求。客户需要什么就卖什么，这才是适应市场的正确做法。如果卖的产品不是客户需要的产品，即使与客户建立再好的关系也没有多少营销价值。

三、盲目囤货

在微商刚兴起不久时，就有大量商家鼓动自己的代理们："做微商一定要囤货，敢囤货才能赚大钱！"当时这种说法赢得了很多人的认可，大家都从上级代理那里屯了很多货品。当时的微商市场前景广阔，货多一点也能卖出去，但到了现在，如果微商招代理时说需要囤货，那么肯定没有人愿意相信，甚至会认为他是骗子。

一方面大家普遍意识到，一旦接受先付款后囤货的方式，上级代理就将大部分风险转移到下级代理身上，上级代理每天坐在家里就能赚钱，而下级代理却只能顶着货物堆积的压力而无休止地刷屏，或者干脆一蹶不振。

另一方面，现在越来越多的人开始做微商，这就意味着同类产品存在着更多的竞争者，而大部分微商的营销方式都缺乏新意，因而导致货物大量囤积，卖不出去。

其实微商不是不可以囤货，而是不要盲目囤货。一般来说，商家可以有选择地囤一些市场走俏的产品，如爆款、主打产品等；对于那些保质期短、销量不好的产品就不需要囤货。

囤货是为了给自己制造适当的压力，增加自己卖货的动力。但不切实际的囤货只会给自己带来不必要的麻烦，也会造成资金周转不灵的问题。微商要根据自己前几次的卖货情况并结合自己的计划来囤货，这样既可以将卖货作为自己的动力，又可以获得盈利。

四、只做熟人生意

从 QQ 到微博，再到微信，网络时代下人们不断更新社交工具。如今微信已经成了人们日常生活中必不可少的一部分。在微信平台上，不少人利用朋友圈好友形成商机——代购化妆品、代购服装、开"微店"等，许多商家也用集赞换购的方式打广告、做推销等，总之微信已经成为众多商家眼中的富矿。但任何矿产总有开发完的一天，专营"熟人市场"更不是长久之计。

综观如今的微信朋友圈，随处可见关于产品、关于招代理的信息，即使是熟人，也难以保证不会将发布信息的人拉入黑名单。最近有很多微商抱怨在朋友圈里卖货几乎已经赚不到钱了，原因就是现在朋友圈里卖货的人越来越多，竞争也就越来越大。有数据显示，微信 800 万卖家里面只有 20% 的卖家能真正赚到钱，所以当朋友圈里面的微商达到饱和程度时，能够赚到钱的人也就不多了。

所以说，如果真想进入微商这个领域，只跟熟人做生意不是长久之计，这个世界上更多的是自己不认识的人，放弃熟人市场是理智的选择。换一个角度来说，如果微商只能将产品卖给朋友，那说明他根本就不适合做生意，或者他需要改变自己的营销方法。

五、错把营销变推销

"营销"和"推销"不是相同的概念吗？许多人都会这么说。大部分微商对两者概念的区别也并不是很清楚，因而索性就不区分两者，不间断地在朋友圈发布产品信息，造成了微商市场的混乱，更有甚者遭到了微信官方的封杀。

如果要做微商，那么在开始前首先要做的就是分清楚营销与推销的区别，何谓营销，何谓推销？

从营销和推销的英文概念上来看，营销代表"Market"，即市场；推销则代表"Sale"，即出售、卖出。由此我们可以看出，营销侧重的是"市场"，而推销则侧重于"售卖"。

从大范围的概念上来说，营销是一种现代经营思想，其核心是以消费者需求为导向。也就是说，消费者或客户需要什么就生产、销售什么，是一种由外向内的思维方式；而推销主要以固有产品或服务来吸引、寻找顾客。与营销相比，推销是一种由内向外的思维方式。总的来说，营销与推销主要有以下区别。

（一）意义上的区别

营销是指对产品和服务制订设计、定价、促销及分销的计划并实施计划的一系列过程，从而产生满足个人和组织目标的交换结果；而推销的活动内容是引发、刺激、强化对方的需要，从而使对方产生购买行为。

（二）观念上的不同

营销以顾客需求为中心，推销则以产品为中心。营销时刻注重客户观念，以客户的需求为出发点，潜在客户有什么样的需求，企业就提供与之相适应的产品或服务，并运用一定的营销技巧去满足客户的需求，从而提高客户的满意度和忠诚度。而推销往往是从产品和企业自身需要出发去思考问题和处理问题的，一般都是企业根据自己的发展意图，去发展某种产品或服务，然后利用推销人员去说服客户进行购买。

（三）本质上的不同

从本质上来说，推销或促销只是一种手段，而营销是一种真正的战略。营销员可以做推销工作，而推销员不一定能胜任营销员的业务工作。

由此可以看出，营销和推销大不相同，微商只有了解营销和推销的区别，才能不走入微信营销的误区。

第七节　微商的未来发展趋势

微商从兴起到蓬勃发展，历时不过短短几年。在微商的发展过程中，市场逐渐扩大，但也变得越发混乱，很多人因为看不到微商的明天，以致放弃这个行业。但事实上，微商只是略有"伤"，并没有"死"！它面世不过几年时间，受到磨难打击是正常的。任何事物只有经历重重打击后才会有进一步的蜕变，微商也是这样。

一、形象得到改变

随着微商的火爆发展，其问题也开始逐渐显露出来：微商圈中存在不少品质低劣的三无产品；一些不法微商在朋友圈任意发布虚假广告语，甚至在朋友圈中光明正大地售卖假冒伪劣产品；微商公信力弱，信誉度不高等。

以上是 2014 年上半年大众对微商的批判，由此可见，微商的形象并不光彩。虽然微商受到了批判，但是他们并未就此止步。在历经了批判之后，微商认真反思了自身的做法，并想到了微商新的发展策略，那就是树立微商品牌。

品牌对于商家的重要性不言而喻，有了品牌，商家的产品就能得到一定的保障，商家自身的形象和名誉也会提高。在树立微商品牌的过程中，涌现了一大批优秀的商家。2015

年 1 月，第一届中国微商大会暨 2014 年度微商品牌颁奖典礼在北京成功召开，会上评出了许多优秀微品牌，如嘉玲、美丽誓言、Pink Face、菜珀夏尔等。更多的微商以此为目标，纷纷致力于创建自身品牌，所以今后的微商势必有一番大好景象。

如今不少个人和企业开始关注微商，做微商的人越来越多，难免会出现竞争和压力。对于个人和企业而言，未来微商该如何发展？微商又面临着怎样的创业机遇呢？

（一）微盟发起"微商公约"

在 2015 年以前，微商几乎都是独立的个体，并没有像公司或企业那样得到统一的规范化管理。2015 年 3 月 5 日微盟举办的"Weimob Day 开放日暨微商论坛"上，来自全国各地的 2000 余位微商代表共同见证了"微商公约"的订立。微商们达成了戒违规、戒伪劣、戒传销、不乱市、不囤货、不暴利等约定，旨在通过成文规定来制约微商的种种不当行为，使之能朝着正确的方向发展。

"微商公约"的发起标志着微商是一个完整的团队，同时也申明了微商的正规性，预示着未来良好的发展趋势。

（二）用户社群化

如今网络技术越来越发达，智能手机的使用也越来越普遍，几乎是人手一台，手机和网络已然成为人们生活中不可或缺的一部分。餐桌上、聚会上、约会中总有人在低头玩手机，他们看似不合群，其实都是网络虚拟社群里的"交际花"。

微商也应该抓住现代人的这个趋势，建立自己的社群，吸引大量客户，增加流量以创造效益。但社群并非一朝一夕即可建成的，还需要微商提供给客户高质量的内容。

（三）分销系统上线

2015 年微商继续迎来爆发之势，但与此同时微商也意识到业内存在着包括在朋友圈暴力刷屏、产品质量无法得到保证、产品同质化严重、品牌周期短等一系列严重问题。有业内人士称，那种层层分销、大肆囤货的面膜微商模式在未来必定会崩溃出局，微商在自身的产品质量和分销方式上亟须改变。此时，一些第三方服务平台开发出的分销系统，就成了微商应对上述问题的有力助手，较为典型的有微盟的 SDP 平台。例如，率先接入微盟 SDP 的男人帮家纺和 Happy Tee，他们借助微盟在论坛上发布的 SDP 系统，成功解决了自身在吸引粉丝、沉淀、交易、服务等环节出现的一系列难题。

对于拥有完善线下销售渠道的供货商来说，SDP 系统可以帮助供货商给分销商开设独立后台，每个分销商都可以获得有唯一参数标识的二维码。供货商通过二维码管理系统进行管理，消费者通过二维码进入品牌统一后台，分销商可以管理自己引导的"粉丝"、订单，永久参与分成，解决线上线下的利益分成问题。此外，SDP 系统将消费者汇聚到微信中，使供货商得以通过实时沟通来了解需求，实现按需生产的目的。

SDP 这样的分销系统有效地规范了微商在生产经营活动中出现的乱象，并成功解决了微商的众多难题，微商有了强有力的依托，势必会走得更远。

（四）推广渠道多维化

随着微商逐渐向专业化方向发展，渠道结构也呈现出多维化。除了之前的微博、微信、QQ 等传统推广方式，如今又新增了许多渠道，如微信公众平台推广、短视频推广等。渠道的新增有力地促进了微商的进一步发展。

此外，厂商、批发商、零售商、代理商和消费者结合起来，可构成一个有机的网络系统。在这个系统中，通过建立渠道"面"的网络化与系统化来提高渠道网络的效率，最终实现渠道整体的优化。渠道获得优化后，在很大程度上可改善原来朋友圈那种层层代理、层层压货的现状，代理商和经销商通过社交媒体分销系统即可进行在线交易，并不需要再去囤货。

任何商家在经营的过程中都离不开产品推广这个环节。以前网络技术不发达，商家们推广商品主要依靠纸质媒体或广播来进行推广；如今互联网技术飞速发展、推广渠道多样又立体，这不仅仅是微商的福利，也是整个社会的福利。

二、微商新机遇

进入 21 世纪以来，互联网的兴起与发展催生了一大批衍生行业。例如，近年来电子商务异军突起，在当今社会扮演着越来越重要的角色，甚至在潜移默化中改变了企业的传统销售思路。更有大量软件开发商将目光投向电子商务，打造出许多适合商家在线上运营的电子商务平台。这些平台可以为企业和商家提供网上交易和管理等全过程的服务，包括广告宣传、在线展会、咨询洽谈、网上订购、网上支付、交易管理等，为商家带来极大的便利。许多企业或商家在这些平台上运用自己的营销思维与同行业竞争者斗智斗勇，因此这些平台对于商家来说就是一个更广阔的战场。

第八章　未来移动互联网营销发展趋势

论坛营销、微博营销、朋友圈营销、社区营销等是近几年主要的营销方式，有些人大把撒钱却收效甚微，而有些人仅通过一个小小的创意就能达到四两拨千斤的效果。未来的互联网营销将朝着哪些方向发展呢？本章将对未来互联网营销的 5 个重点趋势进行解读。

第一节　数据：大数据时代持续升温

脸书（Facebook）每天产生 25 亿条内容，500 多 TB 数据，3 亿多张照片，27 亿个赞，假如把 Facebook 比喻成一个国家，那它就是拥有 10 亿人的世界第三大国。大数据依旧持续升温，全球网络流量从 1992 年的 3.65 万 GB，到 2013 年已经达到 9114 亿 GB，预计到 2018 年将达到 15.77 万亿 GB，到 2O2O 年估计会达到 40 万亿 GB。仅 Facebook 这一个社交网站的数据就如此庞大，如果把各平台品牌与消费者数据源整合，数据将变得更加庞大。很多人都在谈大数据，大数据肯定不是简单的数据庞大。关于大数据，人们尚未形成统一的认识，但以下三种具有代表性的观点还是值得大家关注的。

第一，麦肯锡公司认为"大数据是指无法在一定时间内用传统数据库软件工具对其内容进行抓取、管理和处理的数据集合"。

第二，全球最具权威的 IT 研究与顾问咨询公司的高德纳认为"大数据是指需要新处理模式才能具有更强决策力、洞察发现力和流程优化能力的海量、高增长率和多样化的信息资产"。

第三，维基百科认为"大数据是指无法在一定时间内用常规软件工具对其内容进行抓取、管理和处理的数据集"。

在庞大的大数据下，营销人员通过整合信息能获得更完整的消费者信息，公司会获得更多关于销售、购买历史、搜索、互动等的数据信息。随着科技的发展，特别是在以云计算为代表的技术创新衬托下，这些原本很难被收集和使用的数据开始容易被利用起来了。通过各行各业的不断创新，大数据逐渐为人类创造更多的价值。利用大数据做整合营销，必将是未来互联网营销发展的趋势。

大数据在营销方面的应用价值就是通过信息与计算技术来客观地还原商业"真相"，帮公司准确进行数据分析和消费定位，进而做好信息传播。下面以《纸牌屋》为例，介绍如何依靠大数据分析进行精准营销。

美剧《纸牌屋》一经推出便风靡全球，其中很大一部分功劳要归功于大数据，而非某位演员。《纸牌屋》创作团队从 3000 万名付费消费者的数据中分析出其收视习惯，并对消费者喜好进行分析而开始创作的，其处理的数据库中包含了 3000 万名消费者的收视选择、400 万条评论、300 万次主题搜索。最终拍什么？谁来拍？谁来演？怎么播？这些都是通过对所有的消费者数据进行分析得来的。这样的美剧能不火？

《纸牌屋》从洞察受众、定位受众、接触受众到转化受众，每一步都有精准、细致、高效、经济的数据分析作引导，从而实现大众创造的 C2B 模式，即由消费者需求决定生产。简单来说，就是消费者喜欢什么，公司就生产什么。

《纸牌屋》从 3000 万名付费消费者的数据中总结收视习惯，并根据对消费者喜好的精准分析进行创作，这一新型创作方式不仅使其出品方兼播放平台网飞（Netflix）在第一季度新增超 300 万名流媒体消费者，而且其第一季财报公布后股价狂飙 26%，达到每股 217 美元。《纸牌屋》的成功让全世界的文化产业界意识到了大数据的力量。

为了使大数据发挥其应有的力量，营销人员在开展大数据分析时要应用信息化方法与手段，遵循符合信息化业务驱动、目标导向等原则，这样才有利于信息化建设和大数据应用。对于大多数公司而言，大数据的营销价值主要体现在以下几个方面。

一、分析消费者的个体特征与行为

根据足够多的消费者数据分析出消费者的喜好、购买习惯等，甚至做到"比消费者自己更了解自己"，这不仅是大数据营销的前提与出发点，而且是大数据分析的核心价值。在产品生产之前全面地了解潜在消费者的主要特征，以及他们的需求与所想，那么生产出的产品一定能投其所好。

上文所讲《纸牌屋》就是一个很好的例子，其创作团队通过大数据分析知道了潜在观众最喜欢的导演与演员，结果果然俘获了观众的心。另外，郭敬明的《小时代》在预告片投放后，其创作团队先通过微博上的大数据分析，得知其电影的主要观众为"90 后"女性，因此后续的营销活动则主要针对"90 后"女性开展，营销效果非常明显。

二、有效地改善消费者对产品的体验

改善消费者对产品体验的关键是真正了解消费者及他们在使用产品过程中的状况与感受。例如，汽车几乎遍布千家万户，当然交通事故也随之增多，有些厂家便生产出了汽车预警设备，即在车上安装遍布全车的传感器来收集车辆运行信息，它在汽车关键部件发生问题之前，会提前向司机或 4S 店预警，有可能避免灾难的发生。

早在 10 年前，美国联合包裹速递服务公司（UPS 快递公司）就利用基于大数据的预测分析系统来检测全美国 UPS 快递公司 60000 多辆车辆的实时车况，以便及时地进行防御性修理。在大数据时代下，通过大数据分析能有效地改善消费者对产品的体验，这给大数据营销提供了好的宣传点。

三、保证广告与营销信息的精准推送

过去，虽然很多公司在名义上提出精准广告与营销，但其实并不那么精准，因为其缺少消费者特征数据及详细准确的分析。而现在，面对日新月异的社会化媒体，公司要想使品牌得到有效的传播，就要分析粉丝的公开信息。

通过内容和互动的记录，将粉丝转化为潜在消费者，激活社会化资产价值，特别是对潜在消费者进行多维度的调查分析，精准地了解活跃"粉丝"的互动内容，关联潜在消费者与会员数据，关联潜在消费者与客服数据，从而有效地筛选目标群体，并对他们进行精准营销，可以实现广告与营销信息的精准推送。

四、监测并化解品牌危机

品牌危机是指公司在发展过程中，由于自身的失职、失误，或者内部管理工作中出现缺漏等，使公众对该品牌的不信任感增加，销售量急剧下降，品牌美誉度遭受严重打击等，从而引发品牌被市场吞噬、毁掉直至销声匿迹。

在新媒体时代下，信息的传播速度如病毒一般，不是以前的"坏事传千里"那么简单，而是能迅速传遍全球。公司一旦遇到品牌危机，如果不能得到很好的监测与化解，很容易被市场吞噬，甚至销声匿迹。如何有效地监测品牌危机并及时化解危机呢？在品牌危机爆发期间，最重要的是跟踪危机传播趋势，识别重要参与人员，以便能方便快速地应对品牌危机。这时大数据分析的效果就能显现出来了，公司通过大数据可以采集负面信息内容以便及时启动危机跟踪和报警系统，按照社群的社会属性分析，聚类事件过程中的观点，识别关键人物及传播路径，进而保护公司和产品的声誉，即抓住源头和关键节点，快速有效地处理品牌危机。

五、实现对竞争对手的有效监测

俗话说："知己知彼，百战不殆。"了解竞争对手的动向是许多公司经常做的事情。在大数据出现之前，想了解竞争对手应该是有些困难的，如今公司只需要通过大数据监测分析便能得知。例如，阿里巴巴从大量交易数据中更早地发现了国际金融危机的到来，从而做到了防患于未然。

大数据市场持续升温，大数据营销是未来互联网营销发展的必然趋势。在做大数据营销时，大数据分析是核心，而大数据分析的关键就是找准大数据分析的方向。基于大数据的分析与预测，对企业家洞察新市场与把握经济走向都是极大的支持。

第二节　移动：社会化营销移动化

社会化营销是指利用社会化网络，如在线社区、博客或者其他互联网协作平台媒体来进行营销。社会化营销和移动互联网的势头已经锐不可当，特别是移动互联网的使用。一份来自谷歌的报告显示，未来世界上拥有手机的人数将比拥有牙刷的人数都多；联合国的调查也显示，能用手机的人将比能用洗手间的人多。移动互联网简直无处不在，它对于现行的营销计划来说是必不可少的。未来是移动营销的时代，如果公司的营销阵地在移动端、社交端没有开展业务，都不能算是做了营销。

一、社会化营销移动化的原因

随着移动技术的发展，以往驱动创新的"移动优先"理念将逐渐被"以移动为主"取代。"以移动为主"是指消费者主要通过移动设备来参与活动，讨论话题，这也是越来越多的公司将自己的产品最先在移动端呈现给消费者的原因。现在公司要想吸引消费者的注意力并向他们讲述自己的品牌故事，则易用性强的移动客户端、合适图片呈现方式、简洁有效的营销活动将成为他们的制胜法宝。

社会化营销移动化必将成为未来营销界的发展趋势，那么在社会化营销中，移动化为什么是其发展趋势呢？

（一）手机使用者越来越多

随着移动互联网的发展，比起看电视，更多的人倾向于使用手机，有些人还专门把电视上的节目下载到手机上观看。可见，使用手机的人比看电视的人要多，而且两者的差距可能会越来越明显。

（二）移动让不可能成为可能

提升受众体验度是手机与电视的主要区别之一。电视仍旧是一种很普遍的终端——它占据着客厅的中心位置。但是，手机可以跟着人们到达每一处地方——从会议室到卧室，甚至到洗手间。另外，对于在手机上的动作，人们拥有更多的可操控性，而且可以随时随地浏览信息，随时随地购物等。移动让之前的不可能成为可能。

（三）人们越来越重视手机

有一个调查发现，三位美国手机消费者里就有一位宁愿放弃性生活也不愿放弃手机。可见，手机成为人们的珍视之物，人和手机的亲密性必将持续。随着越来越多的活动与手机终端相关联，企业通过手机能以更多、更亲密的手段接触到消费者，所以营销者会花更多的时间、更多的钱去探究手机怎么帮他们吸引受众和达成目标。但是人们也会反感来自手机的打搅。在当今如此多的营销机会中，利用媒体的最好方法绝非唐突的、广播式的方法。

（四）手机终端设计的社会化

手机作为真正的"社交媒体"，它们所提供的社会化互动的范围在戏剧性地增长。在君迪的一项调查中发现，美国所有年龄段的智能手机消费者平均每星期花费将近 2 小时在社交媒体 APP 上。ComScore 公司（一家全球性互联网信息服务提供商）认为现在美国所有的社交媒体活动中有 55% 都发生在手机终端上。这种趋势并不只在美国发生，有调查显示，手机终端占亚洲的社交活动比例更高。更重要的是，随着手机即时通信 APP 越来越普及，如微信等，通过手机开展社交活动所占的比重会越来越高。

社会化营销移动化虽然成为未来的发展趋势，但是要做好这样的营销，还需要一些努力。因为手机并非只提供一个机会去吸引注意力和消费者黏度，它还渐渐成了一个关键的转换渠道。比如，人们在排队等候的时候就会掏出手机访问各种各样的网站、APP 等。所以，不仅手机营销策略要接地气，而且营销者还要探究出移动社交的协同关系，然后在关键的沟通策略中构建自然的衔接关系。

二、社会化营销移动性的原理

营销者要明白人们为什么使用手机终端，在他们行为的背后有什么相应的需求和欲望？最好的社会化营销，其移动性应体现在以下几点简单的原理上。

（一）有价值传递

社会化营销应传递一些有价值的东西，不管是实用性的，还是娱乐性的，抑或是一些社交互动。

（二）提供便捷的服务

社会化营销不仅要利用好内容，还要为人们提供便捷、易携带（移动）的服务，使人们在不同的时间和地点享受不同的体验。

（三）形成信息流

使产品信息形成信息流，通过不同的终端和连接速度让推送的内容有针对性，使人容易接收。

（四）操作方面

营造终端的方便性，允许人们能选择在手机、平板和电脑上开始他们的体验，特别是在人们与其他人分享东西的时候。

（五）做好细节

整理好不同层次的细节，让人们无论是在工作间的休息 30 秒钟还是回家途中的 30 分钟都能享受一个增值的体验。

（六）抓住机会

移动仍然是最重要的社交渠道之一，它蕴含着巨大机会，企业只要抓住机会，就能达到好的营销效果。

第三节　O2O：线上线下能量全面爆发

谈起 O2O，很多创业者都会一窝蜂地去构建平台。然而 O2O 本质上是一种思想，是如何应用互联网工具为传统商业服务的方式。2015 年被称为"O2O 元年"，现在的 O2O 之火愈烧愈烈，业内人士预计，生活类 O2O 将会是下一个亿万级市场，也是目前唯一能产生超级电商的领域。巨头们都瞄准了 O2O 这块蛋糕，营销人员当然也不能缺席。

2015 年最佳 O2O 营销案例奖铜奖由"京东到家"的移动原生营销斩获。"京东到家"是京东的 O2O 产品，该 APP 在应用市场正式上线。"京东到家"凭借京东较为完善的物流和数据体系，着力打造本地生活服务平台，为目标消费者营造 2 小时内万种商品及服务送到家的体验。此外，京东还通过精准的人群筛选进行高效能营销，施以相应的创意来吸引消费者注意力。京东这一系列的举措使"京东到家"APP 的订单转化率为普通广告的 5 ～ 7 倍。

做 O2O 营销，应从平台的使用者角度来看 O2O，一个有价值的 O2O 平台必须具备以下三个特征，即消费者平台、社会化、区域化。

①消费者平台：O2O 平台绝不是简单的技术平台，它必须是消费者平台而非流量平台。

②社会化：O2O 平台必须具备社会化互动功能。

③区域化：O2O 平台从线上到线下意味着区域特征。

对于一个企业来说，要做好 O2O，就要注意以下几个方面。

一、营销要靠自己

试图通过 O2O 方式建立新型营销渠道的公司必须意识到，新型渠道的建立绝非易事。任何公司要想做好营销，前提是必须拥有自身渠道的控制权。经营者可以不做营销，但是绝对不能不懂营销，如果完全依赖外援或者完全依赖别人都会失败。

二、与消费者的在线工具一样

消费者在哪里，营销就在哪里。公司的消费者是谁？他们在使用什么样的网络工具？这些都是 O2O 营销的核心要点。盲目地使用在线工具，其营销结果必定是失败的。曾经风靡一时的房地产微博营销最终以失败而告终，他们在媒体的误导下，一味奔向微博，并不知道购房客户是否都用微博，购房信息能否被客户看到，微博内容能否打动客户。即使微博营销在当时非常火爆，但不适合公司营销方式的仍然是无价值的。因此，要做好 O2O 营销，必须与消费者使用同样的在线工具。

三、营销文案要有内容

一般来说，有内容的营销会更有说服力，在上文也提到过，通过讲故事来做内容营销，其营销效果很不错。有些营销文案中将信息比喻成食物来理解内容营销的意义。在互联网时代，每个人面前都有一桌信息构成的"满汉全席"，在有趣、有营养、有故事的信息里，硬邦邦的广告绝对不会被人挑选。

在网络上，海底捞没有一个硬广告，也没有一个优惠活动，然而海底捞每一家店几乎都天天爆满。其中很大一部分原因在于海底捞的服务，有一次，海底捞的员工上错了菜，结果该员工送给客户一份饼，上面写着"对不起"，这就是好玩的"对不起饼"故事。海底捞的服务故事就是营销的最佳内容。像这样的内容营销比广告强太多了。

好的内容营销存在两个层次：第一是入门层次，即知道营销需要讲故事，而且这故事是公司自己精心策划的；第二是高级层次，即让公司的客户讲公司的故事。客户讲公司的故事，在许多情况下是用超过预期的服务来实现的，海底捞的营销就是一个这样的例子。因此，服务也是营销环节。

四、各环节都要注重服务

在海底捞，如果客户带着婴儿去吃火锅，海底捞会出人意料地拿出婴儿床或者婴儿服，这就是超过预期的服务，这样的服务很容易激发客户的分享欲望，而且这种分享既免费，推广效果又非常有效。

当然，服务结束并不代表营销也结束，这也是网络营销与传统营销的区别。只有让服务与内容营销结合并统一，才能构成公司真正强大的营销体系。O2O 最有价值的"闭环"绝不是为了平台利益而建立的，而是为了建立营销闭环。线上与线下的结合中，线下绝不是营销的终点，而是下一个起点。

五、用在线互动做营销转化

营销只有被转化了才能发挥其价值，所谓转化，就是指消费者对产品（或服务）的信任感加强，产生强烈的购买兴趣。在线互动则是加速营销转化的催化剂。互动的目的有两个：一是建立信任感，二是提高转化率。企业要通过在线互动拉近公司与消费者的距离，进而提高营销转化率。

六、消费者的信任比产品的价格更重要

人们热衷于网购绝不是因为价格低，而是因为消费者的信任乃至内心喜爱。企业要明白，消费者的信任比产品的价格更重要。很多公司通过送礼、降价优惠等方式促销产品，却没有实际的营销效果，还不如学习戴尔等公司在社交网站上非常诚恳地解决消费者的实际问题，赢得消费者的信任。

七、注重"闭环"营销

O2O平台设计必须是利他性的，公司通过网络工具进行的"闭环"营销才是实现O2O的核心。其中，从线上拉到线下是建立"闭环"的关键环节，这个环节的根本目的是提高转化率，而影响该环节的核心因素是品牌信任感和客服技巧。

总之，做O2O营销，要抓住其核心原理：信任决定购买；互动决定转化；服务创造口碑。

第四节　娱乐：营销娱乐化

如今已然是全民娱乐的时代，娱乐营销也大肆盛行。公司的品牌推广预算绝大部分都转投了娱乐内容，找明星做代言更是成为非常普遍的现象。特别是那些生产以女性消费者为主导的互联网产品的企业，争先恐后地邀请当红的"小鲜肉"明星们代言。比如，李易峰代言了近40个品牌，被大家称为"代言狂魔"。在这些品牌中，OPPO手机也是其中一个。OPPO邀请李易峰化身"喋喋phone"，主演具有韩剧风格的网络微剧——《我是你的喋喋phone》。"喋喋phone"是一部可化成人形的手机，而化成人形的"喋喋phone"完全是一个暖男形象——聪明、智能兼具体贴、傲娇，无疑大获粉丝青睐。而且微剧中还将OPPO的闪充技术拟人化，并通过"充电5分钟，通话两小时"的广告标语化为"闪充5分钟，恋爱2小时"的故事主题，成功地塑造出了一副温馨浪漫的画面。

热播的明星真人秀节目《花儿与少年2》让井柏然的"人气"达到了一个新高峰。这时，"90后"特卖平台楚楚街便邀请井柏然做品牌代言人，这是楚楚街首次签约品牌代言

人，也是井柏然首次为国内品牌代言。楚楚街副总裁蒙克表示："楚楚街一直专注于为"90"后的年轻消费者提供最为时尚的移动购物服务，选择井柏然作为代言人，在平台定位和品牌形象等方面都十分契合。"在此之前，井柏然登过很多杂志封面，套用一名时尚博主的话说，"浏览一下他拍的封面就会发现，井柏然赢在质感，衣服穿在他身上显得档次高。他的镜头表现力也强，亦正亦邪，可酷可萌，可清新可风骚。"

无论是李易峰代言的 OPPO 手机，还是井柏然代言的楚楚街，在明星的光环下，其营销效果都达到了预期目标。

除了明星代言，凡是与娱乐圈有关的元素，都成了现在公司的关注点。还有很多公司搭上了娱乐圈的顺风车，当黄晓明和杨颖公布婚讯、吴奇隆和刘诗诗秀出结婚证时，只要是娱乐圈有"大事件"了，营销者都会如影随形。大多数品牌都仿照明星所发照片而拍出"同款"买家秀。一句话，企业都是在全民关注的新闻爆发时，希望借机增加更多曝光度。这种"借势"营销，成功地借到了"势"，抢夺了消费者的市场。

找当红明星做代言，抓住热门话题写段子，搭娱乐圈热点事件的顺风车等，这些都属于娱乐营销，企业借助娱乐的元素或形式将产品与客户的情感建立联系，从而达到销售产品、吸引忠诚客户的目的。娱乐营销的本质是一种感性营销，感性营销不是从理性上说服消费者购买产品，而是通过感性共鸣从而引发消费者的购买行为。这种迂回策略更符合中国的文化，比较含蓄，要优于赤裸裸的交易策略。

娱乐事件能牵动人心，且具有较大的影响力。2015 年，全球娱乐和媒体产业的产值达到了 1.9 万亿美元，并且随着全球经济的复苏，年复合增长率将达到 5.7%。以美国为例，文化娱乐产业是美国的第二大产业，每年创造的产值为 5000 亿美元以上。美国 1/3 的土地面积用于娱乐，美国人用 1/3 的时间和 2/3 的收入花费在娱乐上。如今，娱乐被世界各界人士广泛关注，娱乐营销已经成为公司与消费者建立沟通的重要手段。

娱乐和营销的结合是必然趋势！但是，当前的娱乐营销存在很多问题，如娱乐营销缺乏新意，仿效成分居多；营销方式不能有效触及目标人群；营销过程缺乏连续性；生搬硬套，文化内涵不够；恶意炒作，破坏公平公正。

为了改善娱乐营销中出现的问题，做娱乐营销要对娱乐营销的现状、消费者的娱乐心理、中国娱乐传播趋势、娱乐营销案例进行分析研究，还要洞察娱乐需求，打造娱乐新平台，避免营销误区，制定合理的营销策略，以促进娱乐营销的传播和发展。

第五节　众筹：筹的不是钱，是市场

2014 年被称为"众筹元年"，在之后的一年内，"众筹"便成为一种全新的融资和经营模式，遍布各个领域。2014 年 8 月份的"冰桶挑战"席卷全球，全球名人纷纷参与，这表面上是一个吸引眼球的公共活动，其实质就是一个众筹项目，只不过是一次公益类的众筹。之后，万科集团联手搜房网推出首个房产众筹，他们在苏州万科城推出 6 折房源进行众筹资金招募及房屋竞拍，投资人员只需投资 1000 元即可。参与该次众筹投资的人有 500 多位，很快该房源就以 7 折售出，投资人获得 17% 的投资回报。

各种形式的众筹平台如雨后春笋般地涌现。那么，众筹是否会改变和颠覆传统的营销行业呢？

随着微信 6.0 版的上线，微信推出了"卡包"功能，为商家提供吃喝玩乐打折券的业务，把传统的代金券、折扣券、团购券、礼品券、优惠券、机票、电影票、门票、会员卡和红包等进行统一管理。例如，餐饮公司可以借助"卡包"，发放各种优惠券，同时也可以发放众筹的项目，促使用户进行投资、体验和消费。

目前，互联网金融呈现出高速发展的态势，互联网金融众筹也把机会推到市场面前，全新的模式、交易架构和组织形态迅速地把投资功能、消费功能、销售功能、体验功能和分享功能组合在一起，甚至把生产制造都组合在一起，打破了以前生产—销售—分销—推广—消费这个漫长过程。而现在，不同的人都可以参与到不同环节，如有的人参与分享，有的人参与投资，这样就改变了公司的生产方式、销售方式和融资方式，也改变了人们的消费方式和投资方式。这些改变让众筹营销应运而生。

众筹平台魔点网的众筹项目基本都是游戏、动漫、卡通和文学领域的，且这里的众筹项目以奖励项目为主，此外，也有公益众筹。奖励众筹的投资回报，一般都与投资的项目内容相关，有可能回报的是这个产品，有可能回报的是游戏装备，也有可能回报的是一场比赛的门票，一般都不会是现金。

ImbaTV（一家以 DOTA2 相关视频为核心的游戏内容分发平台）在魔点网上举行的第二届 i 联赛是国内首个众筹模式的刀塔 2（DOTA2）电竞联赛，吸引了很多玩家参与比赛。此次众筹的金额分为几个等级，联赛的奖金池构成如下。

① ImbaTV 投入 10 万元作为首届 i 联赛的保底资金，无论众筹结果如何，他们将确保联赛的进行。而联赛的规模和参赛战队的规格取决于玩家。

②玩家众筹的金额分为 10 元、100 元、1000 元、5000 元 4 档，不足上一档的金额可用下一档的金额多次参与。

③摩点网为表示对 i 联赛的支持，为每个通过摩点网微信注册登录并绑定的玩家账号额外支付 1 元 / 人，且可进入联赛资金总盘。

当时 DOTA2 电竞联赛获得了 4400 多人的众筹，筹集资金 21 万元。在赛事的制作方看来，采用众筹可以带来玩家更多的关注和参与，而回报的内容则与赛事息息相关。

《秦时明月》也在魔点网上众筹 3D 大电影《秦时明月之龙腾万里》，其实众筹的真正目的不是筹集资金拍摄电影，而是进行营销，把众筹作为市场的试金石，观察《秦时明月》这部手机游戏的粉丝对大电影的期待，同时也将其作为前期的市场宣传手段。

众筹逐渐变成一种营销模式，在乐视包装的各种"颠覆"之中，"众筹营销"成为一个全新的名词，这也是乐视自己开创的一种全新的营销模式。

乐视所谓的"众筹营销"主要体现在两个方面：一方面，让消费者可以提出自己的需求，实现有针对性的生产；另一方面，它改变了过去按照批次生产的方式，转为由订单来驱动生产。其实，乐视的"众筹营销"是相对于小米的"饥饿营销"提出的概念。

一、"众"字当头

众筹营销的字面意思是集中众多人的智慧来做营销，具体来说，它是指让消费者发起产品的订购邀约及提出一些DIY的柔性需求给厂家，而厂家在下单之时起，就可以全程给出生产排期表并进行产品追踪。对于众筹营销来说，"众"字很重要，它需要一个庞大的用户群对产品品牌有着强烈的忠诚度和追随感。

二、产品有强烈吸引力

众筹项目只有具有足够的吸引力，才能让消费者参与到产品设计中。

三、销售周期长

众筹营销是让消费者参与到前端设计中的营销模式，生产周期必然会很长，这与原来的"即买即走"消费模式有很大的不同，有时产品到达消费者手上可能需要几个月。

四、有强大的供应链支持

众筹营销需要有强大的供应链作为支持，如乐视虽然有富士康撑腰，但这对乐视年轻的团队来说，也是一个很大的挑战。

众筹营销在中国的发展还不成熟，可能众筹在人们心中更多的还是一个概念，甚至可以说是一种炒作手段。如果众筹项目在前期没有营造出粉丝很拥护的氛围，会很尴尬，对品牌也会有一定的影响。但众筹营销一旦做好，其营销效果是不可估量的。虽然做众筹营销会受到一定的限制，但它的确是未来互联网营销的发展趋势，因为媒体的传播方式已经发生了改变，现在的营销传播已从以前的单向传播转变为互动传播，每个消费者都可能是一个自媒体，都是内容的制造者和传播者，因此，对于消费者而言，其作为参与者、投资者和消费者的边界更加模糊化了，而且很多公司也是希望通过众筹，汇集消费者、增长体验。

简单来说，众筹营销就是用金钱对一个项目前期的市场反应进行投票，倘若投票率低，公司就可以尽早放弃这个市场，以免因后期投入太多而损失严重；倘若投票率高，既能扩大市场，也能收获消费者。众筹营销无疑是个两全其美的营销方式。

参考文献

[1] 王微微. "互联网+"新经济背景下的市场营销 [M]. 成都：四川大学出版社，2018.

[2] 唐文. 轻营销——互联网+时代小预算玩转大市场 [M]. 3 版. 北京：机械工业出版社，2017.

[3] 张志千，肖杰，高昊，等. 互联网营销 [M]. 北京：知识产权出版社，2016.

[4] 刘华鹏. 互联网+营销——移动互联网时代的营销新玩法 [M]. 北京：中国经济出版社，2016.

[5] 王立华. 互联网精准营销实务全书 [M]. 海口：南海出版公司，2015.

[6] 严行方. 互联网+营销18法 [M]. 北京：中国纺织出版社，2017.

[7] 海天理财. 移动互联网营销推广宝典 [M]. 北京：清华大学出版社，2016.